梦游者尼古德摩走在通往地址的路上。
谁有地址？不知道。
但我们都朝那里走着。

——特朗斯特罗姆（瑞典诗人、诺贝尔文学奖获得者）

老鹰捉小鸡7　80cm×100cm　2013年

图腾　80cm×100cm　2014年

夏天的记忆　100cm×73cm　2012年

桑葚　100cm×80cm　2012年

掉毛巾　80cm×100cm　2015年

游戏　73cm×100cm　2014年

拖拉机　73cm×100cm　2013年

偷西瓜　80cm×100cm　2013年

熊庆华不是一片森林中自然成长起来的茁壮的一棵树，而是像黄山峭壁的石头缝里歪歪扭扭地长出来的一棵松树。

# 不羁的土豆

## 熊庆华的非常生长

# A Wild Potato

陈敏 著

中国青年出版社

**图书在版编目（CIP）数据**

不羁的土豆：熊庆华的非常生长 / 陈敏著.
— 北京 ：中国青年出版社，2016.7
ISBN 978-7-5153-4223-8
Ⅰ. ①不… Ⅱ. ①陈… Ⅲ. ①熊庆华－传记
Ⅳ. ①K825.72

中国版本图书馆CIP数据核字(2016)第131863号

策　　划：郭宇宽
责任编辑：彭明榜＋李佼佼
书籍设计：孙初+林业

中国青年出版社 出版 发行
社址：北京东四12条21号
邮政编码：100708
网址：www.cyp.com.cn
编辑部电话：(010) 57350506
门市部电话：(010) 57350370
北京科信印刷有限公司印刷　　新华书店经销

787mm×1092mm　1/16　10.5印张　104千字
2016年7月北京第1版　2016年7月北京第1次印刷
定价：39.00元

本书如有印装质量问题，请凭购书发票与质检部联系调换
联系电话：(010) 57350377

# 序：只为你眼中万丈豪情

郭宇宽

## 1

大概四五年前吧，我的状态是既舒适又有一种昆德拉说的不可承受之轻。我当时不能算有钱，但生活欲望很低，没干什么违背内心的事情，老大哥们提携有一份稳定的收入，炒股票也还没有亏钱，别人觉得我还不错。我觉得自己是个有钱人：我想买的东西我都买得起，我买不起的东西，我也没什么欲望。

但是内心深处，我认真想做的事情一件都没有做成，也不是不够努力，就是各种因素做不成。

这时候，我认识了熊庆华，我是在网上认识他的，当时我告别新闻行业已经多年，可还是停不下对不关自己毛事的问题的关心，每天花大量时间在网上看帖子。那天我在凯迪网上看到一个帖子，里面有张油画作品《城管来了》，表现的是城管追小贩。当时我并不关注艺术，但是那种强烈的情绪表现力立刻捕捉了我，这幅画好像在我的梦境中出现过。

十几年前，我还是西安交大的研究生，业余当陕西卫视和湖南卫视的主持人，主持两档当时很出风头的电视节目《开坛》和《新青年》。当时我接触各行各业的精英人物，觉得眼界开阔，世界美好精彩：

一是，我觉得奋斗和有才华的人是有机会的，我也并不认识什么关系门路，都是别人来找我，给我很好的机会；

二是，我觉得这个社会是讲道理的，我在大学期间参加了1996到1999年间的历次国际和全国大专辩论会，都是冠军，我觉得有理就能走遍天下。对话社会各界贤达，他们都很乐意交流，让我觉得这个社会也是友善的。

三是，我觉得在这个社会上不难养活自己。我当时住交大的宿舍，乐趣就是晚上叫几个朋友到校门口，吃吃烤肉，喝喝冰峰汽水，一个月三百多块钱就觉得很富裕了。大一的时候听说宝洁公司招聘，月薪四千多，当时有一个人生困惑，这么多钱要怎么才能花得掉啊？我还在校园读书，业余当主持人一个月能挣一万块，自我感觉并不比后来的芮成钢差。这个社会简直太公平了！

直到有一次，就在我们学校门口吃烤肉，我遇到了那样一幕：一群城管像黑社会一样，追打小贩。后面的事情演变，竟让我发现这个社会如此荒唐，无处说理。我可以在电视屏幕上高谈阔论一些理念，比如法制民主，却不能关照身边最真实的问题。

那一刻，一个我曾以为逻辑构建得很完美的世界，在程序运行上出现了BUG，充满荒诞性。过去陶醉的电视主持人的光环，一下子黯然失色。之后，我很不被人理解地从一个节目主持人转型去做一个不那么风光的调查记者，后来连这个都混不下去，好像我自己出了什么问题，否则为什么我总跟这个环境格格不入？

2

如果不是那次经历，我可能会沿着既定轨道，做一个混得油光水滑的主持人；也能有机会上几次春晚，我的英语稍微操练操练也还行，我主持节目也比较能hold住场面，我自己再参股开上一家公关公司……回想起来，跟我身边的人比，我不是一个善于把握人生机会的人，但也许，就是烤肉摊前的一幕，决定了我后来的人生轨迹。

直到现在，那一幕还时常在我脑海中浮现。

当我在网上看到熊庆华的这幅画，一下击中了心中的角落，我难道不是那个挑瓜卖菜，撒丫子狂奔的小贩么？我只是想做最本分的事情，但有人就是不让你干。我想把这幅画挂在自己家里，鼓舞自己，世界上有很多平凡朴实的人，比我有更多的委屈，不要在挫折中丧失自己的志气。

互联网时代，找一个人容易得多。我绕了几个周折找到画家。当我打通电话，那边的声音有些羞涩。让我遗憾的是，那幅《城管来了》已经被买走，他说他还有一些画。我问他多少钱？他说他也不知道，都好商量。

从交流中，感觉他是个画痴，非常热爱艺术，没有受过学校的美术教育，有很多不在圈子中的烦恼。其实我也是一样的处境，我本科学的是机电，硕士博士学的是传播学，博士后是经济学，我用心着力的又偏经济社会学。跟那些从本科开始一个专业读上来的人相比，我最大的劣势就是，假如要在学术体系里发展，我在各个学科圈子里都是个另类，你自己是真正爱学术，人家感觉你是过界来抢饭碗的。

## 3

熊庆华的家在湖北一个叫仙桃的地方，当时还很偏僻，火车到不了。

这样的地方怎么能出这样的艺术家？我正好为犬子犯愁，担心现在的小孩学什么都没有兴趣，索性带他去接受一次教育。

一个周末，我就带着犬子去了湖北。到了武汉，我向朋友借了辆车，他还给我派了一个司机。这个司机是湖北人，开了十几年车，都没去过仙桃，他问我你去那里干嘛啊？谈生意？我跟他也解释不清。

那是一个冬天，沿途萧瑟凋敝，路边的房子很多墙都不刷，朝马路的一面贴着瓷砖，没有审美感可言。到了他家附近，乡间小路没有路标，我就不停地给他打电话。

过了一个个岔路口，到了一个村，他就在村口迎候。

熊大艺术家长得清奇古怪，你见一面在人海之中就不会忘记的那种。我们一握手，看他手上全是冻疮。他的家里敞着门，室内和室外一样冷，楼上一个小房间就是他的画室。他只有一个画架，在一个框上画，画完以后，干了就拆下来，铺在床上摞着，有几十张画。

熊庆华的绘画经历完全是野蛮生长的，就是在当地的小图书馆里，借来画册和书籍来学习的。他不像大多数类似齐白石的乡间文艺爱好者，走传统水墨的路子，也不像美术学院的学生，在老师的引领下从模仿开始搞现代艺术。熊庆华的周围，除了打麻将大概没有别的文化生活。那个村里，一个男人不抽烟、不喝酒、不打麻将，大概就会被视作不正常，而他神交的是毕加索，是马蒂斯。

他真是生活在别处，他不是一片森林中自然成长起来的茁壮的一棵树，而是像黄山峭壁的石头缝里，歪歪扭扭地长出来一棵松树的感觉。

那天我很激动。他在他的环境中很孤独，说话有些羞怯，但他觉得他所知道的美协艺术家们，其实作品不怎么样。我也孤独，我读了这么多年书，常觉得很多学术权威水平有限，东西都经不起推敲，但没办法，人家名气就是大。

孔子说，有朋自远方来不亦乐乎，隐含的另一层意思，是说身边的环境让自己感到孤独。那天我告诉他，我是他铁杆的粉丝，只要自己有一碗饭吃，就会支持他在艺术的道路上走下去。

那天中午，他请我去附近最好的一间馆子吃饭。他点了一道当地最好的菜，一盘子鸟，因为嘴壳很特殊，我一眼就认出来，是我小时候驯养过的蜡嘴雀。我发誓这是我有生以来大概也只吃过一次的菜，这顿饭我永远也忘不了。

之后，我一直是他创作第一手的交流者和讨论者，他后来也能卖画了，生活有保障了，但我看他的生活还是挺邋遢的样子，不知道他媳妇怪不怪他。反正我看他卖了画，挣点钱就买了一架专业的相机，配了一堆专业的镜头，除了画画就是整天到处拍天空，拍鸟，拍虫子。他特别爱用鱼眼睛，各种奇奇怪怪的角度，看得出来，他很沉醉于用一个不同的角度观察世界。

## 4

有人说熊庆华的画像农民画一样好看，但缺乏学术性，挑了很多毛病，但还是会买；有人说从熊庆华的画中读出了立体主义、表现主义，还有人说他是中国的毕加索。

这些说法，我都不大明白。你喜欢或者不喜欢一个人，都可以找出一万种理由，但说出来的理由，都不是那最关键的一个。我不知道用什么主义来定义熊庆华，那些主义和他既有关，又无关，他的风格远远没有完成。当你用今天这几幅画来评价他，他还会往前走，他不像有的艺术家，有两幅画成名了，就靠这个吃一辈子。

熊庆华的画开始好卖以后，有人问我，是不是熊庆华架子大了啊，一般给他发个短信，他都隔好久才回。我知道他每天不是在画画，就是在田野里端着照相机、寻找艺术灵感的路上，他连微信都不大用。有一次，我跟他开玩笑，你发了财可一定要保持无产阶级艺术家作风，可别整天花天酒地、纸醉金迷啊。他说，我哪有功夫啊，我每天画画的时间都不够啊。

有一次我们搞活动，任志强来讲创业，说最大的动力就是为了证明自己。任志强这个话讲得很普通，但那天却特别打动我。你想告诉别人你的选择是对的，自己能把一个事干成，别人可能觉得这些想法是迂腐而不实际的，却是你奋力拼搏的召唤。

有些人来到这个世界，注定不是来打酱油的，你可以不带他玩，不正眼瞧他，他从你身边擦肩而过的时候，你可以没看见，或者装作没有看见，但他将以强悍的毅力来完成自己。也许是冥冥中的天意，那幅熊庆华最初打动我的画《城管来了》，还是回到了我手上。老买家手头缺钱，要把画退给熊庆华，正好，就退给我了。

如果有一天熊大师的画真卖到天价，我们永远不要忘记，那时我们满腔的热血，就是想干些自己喜爱的本分的事情。

c
a
t
a
l
o
g

# 目 录

序：只为你眼中万丈豪情/郭宇宽/001

引子：旧乡村长出的新画家/001

1、 1976 + 成长：一个人的乡村/017

1 太多挫折，太多奋斗 /020

2 城市对我，只意味着噪音 /029

3 至今怀念的三哥 /045

2、 1996 + 探索：艺术最宝贵的是独特/055

1 好艺术必有灵魂 /056

2 与毕加索和夏加尔同行的日子 /064

与毕加索：以创新见证历史/064

与夏加尔：那不是我的乡愁/073

3、 2007 + 寻根：用绘画重建我的乡村/085

1 我还是不能妥协 /086

2 一画一言 /096

4、 2015+未来：他们说/117

# 引子：旧乡村长出的新画家

中国的农村，经受着经济大潮的一再冲击，变得如同流沙上的建筑，松了根基。青壮年怀着雄心壮志进城，老人儿童则守着日渐荒芜的田园，叹息“谁的故乡不沉沦”。

16年前，中国有360万个古村落，现在还剩200万个自然村，其他都被时代洪流吞噬，变成空心村。

乡愁，从前是桃花缤纷、山清水秀的，是离乡者追忆往昔美好的赤子之心，如李白的“床前明月光”，如余光中那张“窄窄的船票”；如今的乡愁，成了冯骥才“要在新一轮的城镇化之前，守护中国的传统乡村”的疾呼，成了留守者们对家园的逃离和漠视——乡村越来越以其凋敝寂寥，让人愁惆。

或许，仍有一些留守乡村的年轻人，能够重新定义工业化时代的乡愁。

早几年，我认识了湖北仙桃通海口镇永长河村的乡人熊庆华。数十年来，他边耕田，边自学绘画，在旧乡土沦陷的巨变里，在坦荡寂寞的景色里，用调色板完成个人的精神洗涤。

舀鱼 80cm×100cm 2015年

他的油画，好比一部湖北仙桃乡村的“生活史”，《踩高跷》《捕鱼》系列，充满乡村游戏和劳作的趣味，《杀鸡》《不羁的牛》等，则展露乡下人的狡黠幽默，自由精神；《土地的盛典》《跑彩船》等，记载祖祖辈辈的风俗；《家庭》没有拆迁者，只有瑟瑟发抖搂在一起的亲人；《母亲河》看不见施害者，只有被污染的河流支离破碎……流淌着中国城乡发展断层期的疼痛。

他和他的画，与乡村高度地自然融合，成为一种耐人寻味的乡愁。

## 跳出规矩的三面墙

从北京坐高铁到湖北天门南站需要六个多小时，再叫辆私车去村里，也就六十公里。仙桃属于江汉平原，一马平川，一路畅通。司机边开车边介绍，这几年路才修好，他和一帮哥们组成了车队，从车站到各个村都有线路。

进了永长河村，仍是平整道路，能容两辆车并排通过。楼房体面，方方正正，都是白色墙面，平顶二层。一排一排地看多了，我不免觉得蹊跷。

这些楼房全都修得规规矩矩，谁也不比谁高或矮一厘米，前后不会差出一公分，连大门的样式和颜色也差不多。从侧面望过去，楼房就像阅兵仪仗队般齐整，像谁操控放置的一排白盒子。

我问司机："有谁规定吗？怎么大家都修得一样？"司机解释："这是乡村熟人社会的规矩啊。你的二层楼房要是比别人高了，和别人有了差距，那就是不尊重村里所有人！"

费孝通曾在《乡土中国》里描述：乡土社会是一个"熟悉"的社会，没有陌生人的社会。在此间，人们得到的是"不逾规矩"的自由。乡村信用并不是对契约的重视，"而是发生于对一种行为的规矩熟悉到不假思索时的可靠性"。

在规矩之下，从众性成了乡村信用的表现之一。

到了目的地，熊庆华抱着两岁的小女儿出来迎我，看上去憨厚，黝黑，一如当地其他农民。他的家，也是白色墙面，平顶二层，夹杂在一排白盒子中间。但一跨进屋门，他独特桀骜的个性展现无遗。

大门靠墙都是拥挤的农具，中间是方桌。三面墙却各有特色，让人驻足。

正面墙上是临摹作品，致敬欧洲画家雅克·路易·大卫的名作，《跨越阿尔卑斯山圣伯纳隘口的拿破仑》。熊庆华有耐心使将军帽上的金丝刺绣都一丝不苟。拿破仑骑烈马，指前方，斗篷飞扬，正如他说过的话一样有气势："世间只有两种力量：就是利剑和思想。从长远而看，利剑也必败在思想之下。"这种睥睨气势，让屋子都陡然生动。

左边的墙，挂着他模仿抽象表现主义大师保罗·杰克逊·波洛克的作品。波洛克肆意泼溅颜料的技艺，粗野原始，又巧夺天工。这幅真迹已是昂贵天价，而熊庆华的临摹品几可乱真，上面粘贴上他的原创绘画《不羁的牛》。他对经典大师不是崇拜，而是覆盖。

右边的墙，全是熊庆华幼女的装框照片，来自这两年的摄影作品。一两岁的小丫头在油菜花间笑着，草丛里跑着……流露出这位摄影师对自然和纯真的一贯向往。

这三面墙标新立异，完全破坏了村里的循规蹈矩和不敢越雷池一步的小心翼翼。

上楼梯时，我看见拐角钉了两排钉子，挂着各种电动工具和螺丝刀。此人除了绘画摄影，还爱各种手工，曾组装一辆摩托车，自封车号为"牛B74110"，在村子里兜风。

他笑："我要是买了车，估计会研究车是怎么组装设计的，不会画画了。”

作家亨利·米勒曾说：“我没有钱，没有希望，没有救济，可是我是活着的人中最快活的一个。”这样的规矩乡村，熊庆华如何养育出一颗自由自在的心灵？

## 身边的人

村庄宁静，每声鸟叫都清晰入耳。阳光柔和，老人正牵着孩子学步。一只土狗缓步走来，友好地趴在脚下，听我和熊庆华的父亲聊天。慢慢又来了些邻居，站着旁听，不时插两句。

城里人习惯在网络朋友圈围观，乡村还是鸡犬之声相闻的实际围观——村民从小一起生活劳作，彼此有一种岁月给予的亲密感。很多看着熊庆华长大的长辈，可没为他“无所事事尽是画画”少操心。为此，熊庆华曾画过一幅画《永长河》，人们在岸边不停地朝河里吐口水，而河流依旧奔腾向远方。

村里不剩几个年轻人。隔壁的堂哥，因为一只眼睛不好，留在村里，和熊庆华同邻多年。也没敲门通告，堂哥就直接上了熊庆华家二楼的画室。

二楼堆了很多画。有熊庆华临摹的裸体女人，也有原创作品。我问堂哥，你看这些画有什么感觉？他站在《狂奔》前，对那些扭曲的人脸端详半天，又转身去看楼房变形的《偷鸡摸狗》，愁眉苦脸地回答：“没上过美术课啊。他的画，村里人都看不懂。”

不羁的牛 100cm×80cm 2008年

熊庆华就笑："你们天天打牌，我也看不懂。"

堂哥反问："在村子里除了打牌还能干嘛？"

他抱怨今年养鱼都亏钱，饲料一年比一年贵；又抱怨这十多年河沟被农药破坏了，听不到青蛙叫了。他最担心在外读书的女儿毕业后回来："电视上说返乡创业故事，有人把黄豆磨成粉，用豆浆施肥种茶树，这不是天方夜谭？都是虚伪……回来的，都是没用的。村里哪有年轻人？"

熊庆华补充："我应该是村里最年轻的男人，堂哥算是第二吧。其他人都出去打工了。"

堂哥扭头对我说："这些年庆华不容易。村子里都议论他，觉得他干的都是无用无聊的事情。现在他坚持了这么久，也有了成就，大家就生出佩服，觉得他是个有心人，有用人。"

下午，我们要去熊家鱼塘看看，熊庆华挎上了相机出门。隔壁的奶奶牵着孙子正在玩儿，看见熊庆华，就低头对孙子说："快点站好照相，喊伯伯照相！鼻涕擦干，手放好啊。"熟人为大，于是熊庆华和气地举起相机，咔咔咔，听从指令。

旁边的大爷又打趣："你怎么还没留长头发，穿得也不像画家啊？"熊庆华回了一句："难道画家是留头发留出来的？"

到了鱼塘，风平浪静，水色印着天光，四周的鱼草绿意葱茏。熊庆华不大关心收成，只说，最美还是春天，遍地油菜花都开了，就像世外桃源。

晚上去附近镇上的小馆吃特色菜驼背鱼，又来了几个老人围观。他俨然已是方圆百里的名人。一位满面皱纹的老奶奶笑说："你有空就给我画个像吧。"熊庆华说，我不画人像。她继续问，那你画风景？他也摇头。大家就都奇了，画家不画这两样，怎么挣钱？熊庆华笑而不答。

归家途中，他谈到自己的一位画师亲戚："村里人就能接受他这种画家，思想保守，害怕冒险，不开阔，不开拓，一直临摹庸俗的风景画，停留在当地人的欣赏水平，并不接受外来思潮。我不做别人做过的事情，我要做让人称奇的事业。如果当年我不能反其道而为之，现在注定平庸。"

在村里多年，陪伴他的，几乎都是不能理解他的人。他总算跨越了这无形的高墙，如诗人阿多尼斯一样用创作宣告，"我的孤独是一座花园"。

## 靠什么赢得尊重？

在不被接纳而又故土难离的乡村，熊庆华孤军奋战了20余年。

16岁辍学，熊庆华边务农，边画画，窝在自家狭小的杂物间做画板。23岁靠着父母成婚，孩子出生后靠着父母给生活费……农民、渔夫、打工者、送奶工，每个身份都是艰辛的生活，唯有绘画，是生活之上的梦。

他辛苦地维持这点趣味，吃穿节俭，省下钱来画画。

他的发小熊志国是算命先生，曾屡次谈到村里的非议："外界包括家里，都对熊庆华有不理解，尤其裸体画，觉得太不雅。他不反驳，偶

簸箕　160cm×120cm　2013年

尔会生闷气，最后还是充耳不闻，继续画自己的，不会被舆论压倒。这么多年，我就认识这么一个能坚持的朋友。”

我问：“你给庆华算过命吗？”

他笑了：“庆华的性格是遇到抗争从不屈服，遇到肯定也不松懈，对绘画从没放弃过。不用算，肯定能成。”

2010年，这位农民画家果然被互联网发现。没有学院的导师提携，没有艺术系的朋友来帮衬，没有钱结交评论家，来捧场的是天南地北的网友，还有几家慧眼识珠的画廊。他们都有着一种少数派的理想主义情怀。2015年1月，他在北京798晨画廊举办了第一次个人画展，并成为“诺亚财富艺术扶持计划”的艺术家之一。

此前，熊庆华多次想过放弃，但是一想到别人在画画，而他却在鱼塘拖着渔网，就被一种深深的忧郁拉回到画布前，重新上路。

多年陪跑的人，是熊庆华的妻子付爱娇，少言细心的女人。熟人们赞完熊庆华，总要补一句：“爱娇不容易。一个成功的男人背后，得有个这样的女人。”

最难的时候，孩子刚满三岁，付爱娇抛家舍子，出去打工。六七年漂泊在外，月工资有时不到千元，她巴巴儿地都攒着，年尾带回家来，给孩子交学费，给他买画材。在村里闲言碎语听够了，但她没有离开他。

说起来也就是几句话，爱娇低头抹了抹眼睛，不好意思地说：“哎呀，我就是爱动感情。”

付爱娇拿出本老相册，给我看他们刚结婚时的照片。

那是1999年，他23岁，她22岁。熊庆华穿着笔挺的西装，配着白衬衫，新吹了头发，坐在摩托车上，眼睛闪闪发亮。

那双眼睛，充满一种无所不能的信心，还未被生活压抑过。

我抬头，看看16年后的熊庆华。他站在阳台敞开的鸟笼旁，看着鹦鹉妈妈觅食飞回，给新诞生的四只小鹦鹉喂食。他养鸟从不关笼子。与年轻时比，他消瘦，脸颊凹陷，眼睛失去火焰，添了皱纹。多年的挫折在他的容貌里留着，但他和当初一样自由。

尼采说，生活的收获就是生活。熊庆华说："这些年，自傲和自卑，只隔着一张薄薄的纸。"

乡村的熟人社会总会树立公共的靶子，从众化的人们都在茫茫迷雾里射箭，唯独他看见了自己的靶心。拿到"名利"奖赏，乡邻才认为他"成功"射中，而他早已被痛苦滋养多年，朝着精神的方向跋涉多年——这使他有了更多可能性，去建设一种宽容新意的乡村文化，能开口说出："失去创造性的生活，就失去了意义和趣味。"

## 寻找一只翠鸟

跟着熊庆华在乡村游荡时，他不时指出有只翠鸟停在湖边，有野鸭正飞过来。

他熟悉村子里的每一种鸟，每一种植物，给博客取名"天空漫步者"。他洞明自然世界，而放弃人情练达。经济改善之后，他只在二手市场买了台期待已久的单反相机，开始拍鸟。附近有个仙桃沙湖湿地保

颠覆　80cm × 100cm　2015年

护区，村子里也有不少鸟。

“鸟儿一般活在我的视野无法企及的地方，拍摄很有难度，所以我喜欢。”拍了两年多的鸟儿，对照图片网搜，他才知道村里鸟类繁多，稚鸟、白鹭、蜂鸟……

翠鸟很难拍到，但他总有好运气。有一次大雨骤歇，他走到天黑，一无所获。归家时，一只翠鸟停在了五六米远的一根树枝上。他屏息，端起相机，按下快门。

有一种鸟比麻雀还小一半，毛蓬蓬像个句号。它们辛苦劳作，衔来碎叶枯枝搭小窝，不时拥挤地站在一根枯枝上，唧唧啾啾来场大合唱。

还有一只鸟独来独往，他观察很久，永远只看到这一只，没有同伴。

有很多人支网捕鸟。他只要遇到误入网的鸟儿，“就悄悄把这些小家伙放走”。

他会几个小时蹲着，用微距系统拍摄比蜜蜂都小几倍的昆虫，探索翅膀的花纹，瞳孔的变色。他拍摄家乡的河流，花朵上的露珠。那一刻，他仿佛也变身为无言的鸟，花朵和露珠。

村子空了，他接受时代风暴遗漏的宁静。乡邻们赚钱打牌，他理解他们浮华的空虚。

除了空巢、留守、打工等词语，熊庆华让村里多了一种气息——“艺术”。附近都知道村里有一位“不上道”的农民，居然成了媒体报道、城里人都来买画的画家，成了村里活得最愉悦的人之一。

他们不再阻拦孩子画画，开始打听“艺术”这回事了。

左边那幅《颠覆》，正是熊庆华的新作。月牙形小船欲要倾覆，年轻舵手眼神倔强，考量风暴欲来的气息，对将要攫取自己的命运毫不示弱。那些布纹般的波浪有一种平静韵律，反而寓意独特——真正的战争，就在天长日久的平凡当下，而颠覆只需瞬间。

我见过拼命挣钱衣锦还乡的小老板，无所事事玩游戏度日的青年，还有重复劳动失去梦想的人们……他们已被生活颠覆，而不自知。

熊庆华是个奇葩。

他的家乡几十年如一日，经济发展缓慢，文化日益凋零，是毫无奇

鸟巢2 160cm×120cm 2014年

幻的普通之地。作为见证者，他不顾非议，越过雷池，把所有的乡村元素打破，以意想不到的方式重组再构造，勾描出新故乡。那些流失的乡村风俗，让人怀念的童年游戏，正在经历的劳作和疼痛，在熟悉的陌生化里，成为一种永恒的乡土民族志。

在希腊神话里，建筑师代达罗斯制造了一座奇幻的迷宫。迷宫意味着世俗社会，监视囚禁着人类，一入迷宫则难出来。木心说："唯一的办法是飞。艺术家，天才，就是要飞。靠着艺术的翅膀宁可飞高，宁可摔死。"

飞得很高，声名兼得，是为最佳；飞不高却仍在飞，那是在完成他的态度，他的使命。如果不羁的土豆都能在天空飞翔，还有什么不敢梦想？

熊庆华用颜料作人生的燃料，以画为土地的一点星火，或可点燃无数在乡愁中迷惘的灵魂。

# 1、

## 1976 + 成长：一个人的乡村

我吃什么苦都行，就是不能忍受没有创造性和趣味的生活，就当画画是我穷日子的一个游戏，没指望换取什么，心里总是想：一定要走出一条独特的艺术道路。即使失败一千次，也要看到一千零一次的希望。

**——熊庆华**

湖北仙桃市通海口镇永长河村，是中国一个普通的乡村。

小村占地六万多亩，如果把北京城分割为三百七十七份，那么它只占其中一份。新修的马路畅通无阻，平整宽阔。农田一望无际，空气干净。

处处安静，寥寥人烟。青壮年几乎都在外面打工。

送我去村里的私家车司机四十五岁，曾在深圳送了多年的液化气罐，刚回老家："村子里不挣钱啊。现在女儿读了大学，父母也老了，就不去打工了。"

永长河村跟很多村子一样，经济并不发达。

村里大部分是耕地，种植油菜和稻谷；几千亩池塘，前些年养四大家鱼（草鱼、鲢鱼、鳙鱼、青鱼），村民都跟风养，甚至把耕地推成池

捕鱼系列之一　120cm×160cm　2012年

塘，直到供大于求价格下跌；陆续换种莲藕，又是一波跟风跌价；现在有些农户在养虾养蟹，期待能够“先富起来”。

这里生活简单，大家闲了，聚在一起打麻将；或者摆张桌子，开几瓶廉价白酒，边喝边聊。谁家孩子有没有出息，就看外面挣的钱多不多，过年时封的红包大不大——早些年，村里还稀罕戴眼镜的知识分子，穿军装的小伙子，后来就看邻居谁家的口袋更鼓。

谁也不提精神追求，只求现世温饱，理想就像鞋子里的石头，除了行走时硌脚遭来埋怨，还能干什么？

熊庆华1976年出生于这里。很长一段时间，他是被这种价值观所排斥的。他没有走在老路上，就让别人说去吧。

吕蒙　100cm×73cm　2014年

# 太多奋斗，太多挫折

## 16岁辍学

熊庆华降生于一个农民家庭，当时熊家有三十余亩地，一半养鱼，一半种水稻，温饱无忧。他的父亲熊光元是能人，既是“队中人家的神厨”，又是巧手木工，虽不赚钱，乡邻送些鸡蛋点心都是尊重。大半辈子，熊光元都在勤劳本分地照顾庄稼和鱼塘。

他未曾料到，儿子唯独复制并扩大了他血液里的艺术基因。

“小时候我喜欢跟在父亲后面，玩他的各种工具，还被木方砸过，眉毛上留下一道疤。父亲还雕过几个镂空的木狮子，常常被我把玩，这就是潜移默化的艺术熏陶吧。”

第一次涂鸦，画完被人一番嘲笑，熊庆华决心“一定要比书上画得好”时，不过六岁。

咆哮 100cm×80cm 2012年

淘气的孩子 80cm×100cm 2011年

零花钱攒着买小人书，回家后每天在废纸上临摹。很快，有人夸他画得不错。跟着父亲去镇上赶集，有画师边画边卖风景画，他就一直站在旁边看。

初中学校在镇上，离家有六里，开设了美术课，每次熊庆华必拿到“甲”。有一次，他素描了一棵栩栩如生的树，老师大感惊奇：“你将是位伟大的画家！”

但是，这位美术课的天才对其他课完全无感，成绩一落千丈。

“天生不喜欢学校这种地方。一开始是在父母棍棒威胁下哭哭啼啼勉强上学。据别家大人说，我一天到晚就爱拿着铲子挖各种奇怪的小坑小洞。上课时，我一直盯着窗外的小鸟，想着快点放学后，该干什么。对基础教育实在不感兴趣。”

常常逃学旷课的少年，爱在镇上溜达。镇上人家相对富裕，他透过敞开的窗户和门，一家一家地观察中堂挂的画，虽然大部分是庸俗风景画，对乡村孩子也是难得的美术启蒙。遇到一张不错的，他会傻愣愣站半天，无视主人疑神疑鬼的目光。

1992年，十六岁的熊庆华不顾家人反对，从通海口第一中学辍学。

## 趣味是生命的盐

放牛时，熊庆华随意画些花花草草。忙完活儿，他钻进画室。

画室是二楼的一个杂物间，不到二十平米。中间立着画架，是他自己做的。最初，他临摹年画，后来专攻中国画的山石花鸟……外面风言风语不少，他还年轻，不怕。

当时小伙伴们都听邓丽君柔情似水的《甜蜜蜜》，而他被收音机里一个尖锐不驯、节奏鲜明的声音所激励，成了黑人歌星迈克·杰克逊的粉丝。

一边听，熊庆华一边玩泥塑。当地黑泥并不适合陶艺，杂质太多，一干就裂，他照玩不误。有一次在村里的小树林，他塑了个真人大小的半身像，然后满身泥土、得意洋洋地离开。到了夜间，树林阴森昏暗，队里的抽水管理员走来，手电照到这尊泥像，还以为是从附近坟墓爬出来的，吓得丢下铁锨和手电，转头就跑。后来大家才知道是熊家淘气孩子的“杰作”。

他也玩雕刻，去林子里找深埋地下的老树根。越是盘根错节越好，他费尽力气挖出来，再吭哧吭哧运回家。别人把树根塞进炉子生火，而他雕刻了很多木人头像，摆在家中高高的窗台上，享受路人的膜拜，可惜没有留存下一两件，都渐渐流失了。

攒了点钱，熊庆华骑上自行车，经过五个镇子，颠簸八十多里路，去市区买支绘画笔，买本“毕加索”……美术书历来都很贵，他站着看，蹲着看。等关门时起身，腿都麻了。来回一趟，路上要花四个多小时，他累得浑身酸痛，但只要钱一攒够，他又跳上那辆哐当哐当的自行车。

夕阳勾勒着小路，凉风扑到脸上。一路骑回家时，包里多了本美术书，沉甸甸的幸福晃荡着，一下下轻拍着少年的背。

“不管什么新鲜东西，只要有点技术含量，我总是充满兴趣地沉浸其中，直到热情冷却。那时我也迷恋油画，但是再廉价的白棉布，买上一小块也属不易。底子胶、松节油等等，在当地也买不到，制作一小幅

惊恐的盗墓者　100cm×80cm　2012年

油画简直奢侈。幸好总有别的爱好等自己完成，还是画国画吧。”

当时的青年农民，追求着生活的意趣。好比诗人苏东坡其实还是位吃遍天下的美食家，作家韩寒其实是渴望胜利和激情的赛车手，而世界一流的小提琴演奏家陈美最终转型当了一名滑雪运动员——没有这点趣味，人生就缺了至关重要的一点盐。

## 沉默的愤怒青年

村里很多人，显然不理解熊庆华的“趣味”。他是独子，是顶梁柱，哪怕不能光宗耀祖，也不能拖累父母吧。年纪轻轻，天天画画，画画能比挣钱、打牌、喝酒更有意思?

在缺乏美术教育的乡村，村民觉得“画画”不是正道。他们连着熊庆华的父亲一起劝教：“你说你自己不打牌，不喝酒，活着有个什么劲儿？儿子又天天在家里画，不想着挣钱，怎么弄？”

当然，熊庆华也能干好农活，也能学会打牌，只是觉得“无聊”。

“对重复的农活没有兴趣，也就缺乏信心，一分钟都觉得难熬。总是被教训，你应该这样，应该那样。一到收割季节，就是无休止的收割，打谷，拖拉，晾晒……望着一堆堆小山般的稻谷，我就想叹气——这种日子，什么时候是头啊。”

熊庆华也帮着下鱼苗，捞鱼。他还常在村里的小河沟筝鱼，将水舀起来，直到鱼儿活蹦乱跳露出黑色脊背。开始鱼儿很多，价格也低，后来价格高了，鱼也少了，只剩下鳝鱼和泥鳅，慢慢就都绝迹了。

他寡言少语，村里闲言碎语却多。一到农忙时节，母亲就不免焦虑，别人的孩子都在地里干活，或者在外打工挣钱，自家的却窝在家里搞各种研究，她干着急，不停唠叨。当儿子的不敢回嘴："或许母亲在梦里都在抱怨自己命苦，或许也心存侥幸，说不定儿子将来能有所成呢？"

父亲还是偷偷给他钱买书买颜料，觉得庆华能成为一个"认真的手艺人"。

农活一完，熊庆华就窝在画室。湖北平原的冬天滴水成冰，凛冽寒风呼啸狂奔，他戴着露出指头的手套，僵了搓一搓手，继续画。夏天画室又变成蒸笼，他在画板前热出一身痱子，也不肯出去吹吹风。

外人路过他家，难免称奇，有人摇头，甚至妒忌。大多觉得他被爷娘宠坏了，玩物丧志。熊庆华长了几岁，心头也多了顾虑，更加省吃俭用，同时对鼠目寸光者嗤之以鼻。

艺术大师杜尚，在晚年功成名就之时说，"哦，画画绝对不是我的全部。每一次呼吸，都可以是艺术"。而这年轻的农民，背着渔网去捞鱼，赶着牛走在泥泞路上，骑着车对抗狂风暴雨，停下来歇歇——他真

暴风雨　80cm × 100cm　2012年

希望，绘画就是全部。

“那些年，有太多奋斗，太多挫折，情绪压抑忧虑，基本排斥外界事物。赶上青春叛逆期，总体来说是一个愤怒青年。但不会对外界说，只在内心反复对自己说：即使失败一千次，也要看到一千零一次的希望。”

# 城市对我，只意味着噪音

## 失恋了，结婚了

宅男熊庆华到了谈婚论嫁的年纪。

尽管熊庆华“不务正业”，但是他的父母年富力强，勤劳肯干，在当地也算中等家庭。

1997年，他相亲遇到一个姑娘，情窦初开，心花怒放。有一次，两人一起逛县城，虽然一前一后不说话，他也觉得甜蜜。他狠狠心，给她买件衣服花了四十八元，同时花五十元买了本《世界艺术史》——当时这不是小数目。姑娘有些惊讶，他回家后惴惴不安：“她也许觉得我的行为不可理喻，恐怕是神经病。”

但是，对方还是同意了订婚。他欢天喜地地筹备订婚酒席，父亲还去附近镇上买了几十桌宴席的猪肉。结果订婚前一天，姑娘偷偷跑去武汉。他这才推测，他在沉醉，而她早在计划摆脱他。那些猪肉，只能留着一家人慢慢吃，每吃一口，都是添堵。

他回忆说："第一次伤我最深。这在农村也是奇耻大辱，成了街谈巷议，父母在人前低头了很长一段时间。"

有些热心大妈打抱不平，小伙子不赌博不喝酒，为什么拿人家开涮？继续给他安排相亲。

1999年，熊庆华遇到付爱娇，一见钟情。

"当时，她和同伴骑了三十多里地来村里玩儿……我缠着她，觉得一定要牢牢把握住，于是放下矜持说着一些废话，和她套近乎。她离去的时候，说明天可以去她家看看。"

付爱娇是背着父母来认识这位奇人的。熊庆华第二天兴冲冲来到那个陌生的村子，拜见了未来的岳父大人。这位老人也听说过熊庆华"无所事事"的评论，但对女儿说，相处看看。

有情人终成眷属。除了杂物间的画，他一无长物。幸好，新娘只是问："你总是画别人，什么时候也画下我呢？"后来，他以她为模特，在卧室描制了一张《穿婚纱的新娘》，沉静美丽，天花板上早画满了摇曳的花草。

婚礼2　160cm×120cm　2015年

婚后，熊庆华仍然画国画，但没卖出一张。设计不同图案的手工生日卡，拿到城里也换不了几个钱。那时，同是湖北的画家曾梵志，已经在中国美术馆、香港汉雅轩画廊等诸多地方参展，而他还买不起亚麻画布，只能用廉价油画纸对付。

付爱娇看到油彩画潮湿褪色，很是心疼："今后不用纸，能不能画在布上？我帮你买布。"外行的妻子说出这句话，让他记到了今天。

有时候，幸福跟物质真没什么关系：屋矮能容月，有爱饮水饱。

**城市对我，只意味着噪音**

80年代的农村，"勤劳耕耘"还可赢得尊重，90年代开始外出打工。1989年改革开放，尤其1992年邓小平南巡之后，农民们背井离乡涌向沿海城市，怀揣梦想，形成打工潮的第一个大浪，迅速席卷了中国大部分乡村。

永长河村也不例外，同村的年轻人都被这"大浪"接二连三地卷走了，在工厂做内衣、做耐克鞋、做诺基亚的电子零件，每天都给商品贴上"Made in China"的标签，销往世界各地。

"即使留在村里的人，也纷纷做起生意。到了春节，总流传着哪家闺女在家做裁缝赚了大钱的传奇。对我来说，这也是一种压力。毕竟这么多年，我一直在家宅着。”

在各种“财富传奇”的压力下，熊庆华终于遂了旁人的心愿，出去打工。

第一次打工是2004年3月，熊庆华二十八岁，儿子熊迈迪刚满四岁。杂物间的画堆了两米高，口袋没有两毛钱。前一年，付爱娇已被村里打工潮裹挟而往。

他来到深圳西乡镇，因为付爱娇所在工厂不招工，他跟着“热心人”去了家“职介所”，交了一百五十元钱。谁知再去，人去楼空。

一百五十元几乎是他当时的全部积蓄，房租也才三元一天。

在老乡帮助下，熊庆华总算进了家五金厂打工，在流水线上负责掰掉手表表壳多余的部分。掰一个，半分钱，每天按件计费，熊庆华最多掰两千个挣十元，还挣得心烦意燥。旁边一位四五十岁的老伯，每天能挣三十元。

熊庆华无法融入这条流水线。他偶尔在岗位上抬头，看到黑压压一群，长时间重复同一个简单的动作，就有窒息感。

做了四天，他就辞职了。

查看街上张贴的广告，熊庆华发现有家飞机模型厂在招聘美工。他捡了张登有“姚明投篮”的报纸，依样画一张去应聘。老板认可后，给他一架飞机模型，让画成平面图，方便工人们绘制。第一张图，熊庆华

倔牛　80cm×100cm　2014年

没有经验，尺寸掌握不好，让广东老板雷霆大怒。

“老板的口音很重，说什么我听不懂，就记得他脸色板得铁青……后来，他说算了，凑合用，去财务交50元保证金，明天来上班。”

又要先交钱。他没了主张，去找镇上理发店工作的大舅哥商量，最后打消了念头。

接下来，他到处瞎逛，还曾转到广州美术学院，站在校门口望了半天。他背着老家的画板，在车水马龙的城市，找不到可以入画的风景。太吵的地方，他画不出来。太偏僻的地方，治安又有问题。

在深圳“飘”了一个月，熊庆华心无所依，逃回了家：

“大城市的繁华我没感觉，最深刻的只有两个字：噪音。”

归乡的熊庆华自然更像一个失败者，这促使他两年后再次外出打工——去大芬村当个美工吧。

“大芬”本是不到一平方公里的深圳小社区，最初几百村民，处处芦苇，荒凉偏僻，直到1989年一个香港商人黄江进驻。经过十余年的发展，大芬村名声在外，书画、工艺等经营门店就有两三百家。

一路奔波辗转，到了传说中的村庄。可惜熊先生普通话不太好，而且当时主攻国画和水彩，油画作品不多。他问过很多家，对方都是摇摇头表示欣赏不了，“我们这家店需要的是商品，不是原创艺术。你没有文凭，又不会模仿。”一家一家问过，已是日落西山。

今日他庆幸被大芬村拒绝，没有成为一名临摹工人，但当日他的灵魂被一再宰割——都说三十而立，在一个艺术被商品化贩卖的年代，在安迪·沃霍尔的“赚钱的商业是最棒的艺术”大行其道的时候，他“立”什么？

“那些日子太伤自尊，雇主把画画的都当成工人随意呵斥。我没呆几天就回家了，还是想画画，哪怕画画看不到出路！”

斗牛 80cm×100cm 2015年

## “送奶工”的无用之用

再次归乡，熊庆华在附近小镇做了一名送奶工，贴补家用。孩子已经六岁，生活还是爷爷奶奶在供。颜料贵，专业书也贵，也多亏父母和妻子周全。

每天早晨，他三四点钟起床，无论风雨霜雪，都骑着单车按时把牛奶送到。本来有几个人一起送，后来吃不了这份苦，都交给他一个人来做。他每天要走一百多家，每家又隔得远，辛苦一上午。

“这份工作是我干得最长的，送了一年半。每天忙完就可以画画了，觉得开心。”

那段时间，熊庆华订阅了美术杂志，爱看漫画连载。他也技痒，改编了漫画系列《蛇王之死》，讲述来自捕蛇世家的父子俩的故事。在深山，儿子不慎被蛇咬到要害，留下残疾。母亲为此郁郁而终，父子俩怀着悲恸远赴他乡，开始新的生活。在途中，他们遇到一个女孩，她钟情于这位少年，哪怕被他拒绝。后来，少年成了名动一方的捕蛇能手和名医，却在一次意外中死于蛇口。

“玩刀剑者，必死于刀剑之下。这个结局我总觉得可惜，所以只画到了女孩出现的时候。”

画漫画是个大工程，如何布局，情境化，设置人物形象……他功力大长。有时画到东方大白，丢笔后忘了身在何处。精挑细选了几张漫画，熊庆华寄给那家美术杂志社。几个月过去，他连退稿信都没收到，只收到妻子的汇款。

从2003年到2009年，付爱娇都在外打工，挣的钱邮回家，让丈夫购买画材和家用。

柴草车 80cm×100cm 2011年

有一年，付爱娇回家过年，邻队有人对她说："你原来是熊家那小子的老婆，谁不知道他是村里最无用的人！"也有女人公然表示同情。付爱娇一律回复："庆华不就是爱画画嘛，又不干坏事，劝他也不听，就由着他吧。"

白居易有句诗："君不见买臣衣锦还故乡，五十身荣未为晚。"汉代朱买臣砍柴为生，老来犹贫，却读书不辍。人们都笑他迂腐，妻子崔

推磨　100cm×73cm　2014年

氏不堪忍受，弃而改嫁。买臣后来高中，任会稽太守，衣锦归乡。崔氏闻之，后悔不及，但覆水难收。

无用之用，对比现有的制度秩序，犹如高山流水之于城市灯火。熊庆华的妻子，在打工城市繁华却冷酷的灯火下，远远陪他，守着心里的高山流水。

## 为此文化所化之人，必感其苦痛

那些岁月，村里几乎没人关注他，一个“跟不上”时代潮流的落魄农民。

同龄人几乎都在城里，年尾才会回来，穿着大码西装，烫着各色头发，谈论着另一个世界的繁华，来春再飞到钢筋丛林。熊庆华为他们遗憾，然而自己对故土的情感也是五味杂陈。他视故乡为精神血脉，却无法拓展出一个圆满自在。

陈寅恪曾说：“凡一种文化值衰落之时，为此文化所化之人，必感其苦痛，其表现此文化之程量愈宏，则其所受之苦痛亦愈甚。”

熊庆华形单影只，每日咀嚼着这个苦痛。

村里，他还剩一个发小熊志国，因眼睛不好当了算命先生，拄着盲棍讨生活。他常找发小聊天，不谈自己的画，“发小也看不见”。发小也不给他算命，送些“将来必有大用”的客套话。他们聊评书里历史人物的斗争成败，常争辩潘仁美是好人还是坏人，单田芳的隋唐演义，哪几集可能跟史实有出入。

熊庆华不太喜欢悲剧，诸如风萧萧兮易水寒的一去不返，壮志未酬身先死的悲壮，不在他的内存。他佩服的还是独立思考、内心自由的历

扎猛子 160cm×120cm 2014年

史英雄。志国也总安慰他："村里人在家就打牌，出门就打工，懒散惯了，随大流，害怕舆论的压力。你不像他们，看书多，能做自己的事。看不起你的人，你不也看不起他们吗？！"

2007年，熊庆华在各种书籍报刊里游历了一趟世界美术史，尝试过了素描、水粉、国画，决定专攻油画，就画熟悉的乡村。

他在乡村目睹优美简明的自然，也看到庸俗鄙陋的社会性；明了大地的深厚，也探索人性的浅薄……他的画日益外化为他的精神，充满斗志般坚硬的想象力。

他曾在村庄游荡一天，不吃不喝，观察渔民、农夫、插秧的少妇和掏鸟窝的孩子；他曾坐在树下苦思冥想，不管蚊叮虫咬，把灵感一一捕捉、落实到练习册上；他曾几天不出门，每晚画到深夜，撕了画，画了撕，打破重组再创造——这样的自我探索，孤独无二。

一幅油画构思顺畅就两三天。有时需要一周，一个月，甚至一年来完成。不好的画，他干脆拖出来烧掉，父母在一旁急得跳脚——那些颜料太贵了啊。如果他是富二代，又或者他的村庄并不以财富为唯一判决，他自然活得顺畅。然而，若没有这种反向按压力，他难以爆发得如此淋漓尽致。不论是乡村风俗，还是游戏劳作，他都画得毫不拘谨，自在如兽。

偶尔，熊庆华也怀疑自己的艺术一文不值，只是自娱自乐。而世俗

牛脾气　80cm×100cm　2015年

的生活步步紧逼，迫他早点步入庸人行列。家里收入勉强，父母年迈，儿子需要学费，妻子也不能总在外打工啊！

两相夹逼，他在画布前常常茶饭不思，日益消瘦。

继续做一个格格不入、不合时宜的有个性的人吗？还是做回命运安排的掩鱼耕田的农民角色？

沈从文说过："乡下人保守，顽固，爱土地，也不缺少机警，却不甚懂诡诈。他对一切事照例十分认真，似乎太认真了，这认真处某一时就不免成为‘傻头傻脑’。”

熊庆华选择继续做一个画画的农民，唯有此，才能继续生存下去。

“农村人不关心你的画，只关心你有没有钱。其实很多人都有天赋，但追求短期经济效应，就放弃了。有创造性的事情，我都干得比别人强一些，没有这种精神优越感，我也难以坚持。画画是我穷日子里的游戏，没指望换取什么，心里总是想：一定要走出一条独特的道路。”

# 至今怀念的三哥

## 第一次上网

2010年春节，34岁的熊庆华做了一个改变一生的决定。听说在外地做设计师的初中同学雷才兵回乡，他邀请对方来做客。同学准时赴约。

走进寒冷穷酸的画室，同学被震撼了。小，简陋，却蓬荜生辉，全是绘画。熊庆华亲手做的油画架子有点毛糙，底下堆满了廉价的灌装颜料。他抬头看一眼熊庆华，不能置信。在一个根本没人谈论油画的地方，在不解、嘲笑和长期的困窘里，有人严肃认真地画了一满屋子。

同学在城里也看画展，但这些画具有耳目一新的原生态和生命力。他用二手相机拍了很多照片，写帖《我的农民画家》，以“五架手”的网名发到了凯迪社区：

“熊庆华是我的初中同学，印象中还是个子不高、皮肤黝黑的小男孩，今年春节见到他时已经是为人父、为人夫的男人了。他读书时酷爱绘画，原本优异的成绩落了下来，初中没毕业就下学了。依稀记得他伏在课桌上专注地画着画，跟他打招呼时他看你的眼神，也不抬头，只是翻一下眼皮，仿佛浸入了他内心专注的那个世界。那时候的他胖乎乎的，腮帮子全部是肉，不像现在，消瘦，脸上写着生活的经历。下学后他在家里种地、养鱼。很难想象一个农民能把绘画的热情保持近二十年，并且没有减退的意思。用他自己的话说，就是对抽烟、喝酒、抹牌之类的完全没有兴趣，甚至反感，在农民中无疑是个异类。”

之后，他附上了熊庆华的多幅画作。

围观者，众。议论纷纷。崇拜者、艺术机构纷纷找上门来。

在表现形式上，熊庆华不同于1980年罗立中凭借油画《父亲》开创的“乡土写实”画派，也偏离1991年“艺术拯救现实”理想破灭后的“玩世现实主义”，更与市场经济中诞生的“艳俗艺术”泾渭分明。他创造出“超现实主义”风格，用独特的造型、涂色、绘线、晕色等技巧，塑造交响乐般的韵律感，将现实魔幻化呈现，构建乡村的意趣。

有风格，必然引来争议，有人说绘画不够真实，明暗处理不够……熊庆华每条都会回复。绘画路上一直野生野长，但他有自己的来路。

有人买走了几幅。这是熊庆华第一次售画，价钱都不会谈，老老实实地说：你看着给吧。我没卖过。

一千元一幅，他卖掉了5幅。当绷紧的神经一旦松弛，身体垮了。

那个寒假的晚上，他咳嗽到吐血，被紧急送到医院，诊断为胃出血，春节都在医院度过。他形容那是“倒霉恐惧、无聊无奈、痛苦郁闷的十六天”，画款还抵不上一万多元的医药费，是父亲用积蓄垫付。

2010年4月，有位叫胡平的网友写来一封信，自称美术爱好者：

“你的作品题材新鲜，富有想象力，既不拘束也不做作，特别是用油画形式表现出农民画的风格，质朴中带着活泼纯真的气息，以往的确少见。

我认识一些画家，急于迎合世俗，改变自己。时尚的东西容易流行，我在宋庄艺术区看到很多这样的作品，始终喜欢不起来……其实他们很彷徨，不管出于名利欲望，还是现实物质需求，但最后又能收获到什么？

如今人心比较浮躁，面对诱惑更难保持沉稳心态。你意志极强地追求艺术，作品既有乡土味又有现代气息，有一种独特的‘魔力’。有网

灭火 160cm × 120cm 2015年

友说到基本功，我倒觉得不是主要的。规矩了，作品可能变得生硬干涩，匠气十足，质朴率直丧失殆尽。你人本分，不善交际，怎么办？最简捷的方法就是学会利用电脑，借助网络展示自己，机会可能随之而来。”

依照胡老师的建议，大病初愈，熊庆华马上买了台配置很低的便宜电脑，陆陆续续把自己的画都挂到了网上。又有人远道而来，一下子买走了七幅。挣到钱后，他保持节俭，自己做画框，只是升级画布，保证画质：从普通的白棉布，到低档绘画用布，现在都用上佳的雨露麻布。

2015年1月，熊庆华在北京798晨画廊举办了第一次个人画展，并和NO装艺术联盟签约成为核心艺术家。

后羿射箭，听有重赏便不能中。吴清源下棋之前，先读《道德经》清除杂念。熊庆华画了多年，只得讥讽，似被打败。然而他从不求奖赏，才能画出被磨砺的天真。

有多少人过早归顺了强悍的命运？只有极少人抓住适当的时机，做回真正的自己。

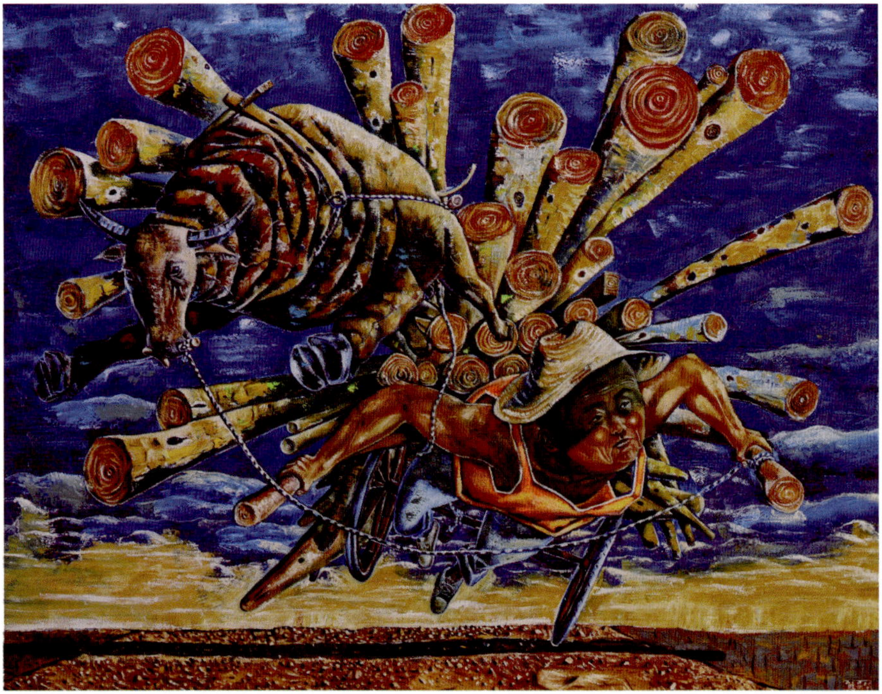

拖木头的车　120cm×150cm　2013年

## 至今怀念的三哥

熊庆华时常想起自己的三哥。鹰钩鼻，四方脸，貌不惊人，常常自嘲“个子矮，还节省棺材木料呢”。

三哥颇有文采，能写诗，参加高考时离二本就差三分。可以自费读个大学，“但他犯了驴脾气，选择回家务农”。他耕田与众不同，让牛

三哥的肖像

拖着犁在田里自由行走，牛不走直线，犁得弯弯曲曲，他哈哈大笑。为了找伴儿陪他放牛，他会讲很多精彩故事，妙语连珠，吸引了一大群人，熊庆华也在其中。

三哥总是轻松掌握捕鱼的高难技巧，每次去野外都能捕到五六斤鱼。熊庆华跟着他学会了捕鱼，但苦于经验不足，很快失去耐心，索性就当旁观者。

撬　120cm×150cm　2014年

直到今天，只要看到与捕鱼有关的东西，他就想起三哥的爽朗笑声。

2007年，三哥因为贩鱼要去北京。三哥从未去过首都，经人撺掇就马上答应了。收拾了行李，意气风发地上路，途径河北保定市望都县时，竟出了车祸。

望都，离北京187公里。

“三哥一直向往北京，可惜命中无缘见到北京……那时候还在春节期间。我在画《风筝》《玩龙灯》《深渊》……最难的时候，我怕没有人理解，没人给我信心和鼓励，而三哥是我最大的精神支柱。”

那个总是鼓励他坚持画画、为他排忧解难、教他各种捕鱼技巧的哥哥，离开了这个世界。

有人邀请熊庆华去北京发展，他谢绝了，说城里太吵，怕画不出来。他守着乡村，守着记忆里的三哥。

“外人初次来到这个村子，只觉得安静。但我感受到的一切都那么平庸，不容忍任何越轨行为，离经叛道就是对熟人社会规则的破坏。如果你站在《百年孤独》的发生地，也会发现没有奇幻或者传奇，一切都是作者对这个环境的理解、想象和再造。三哥是村里的例外，总鼓励我去创新，才显得如此珍贵。家乡不是因为美好才让人留下来的，我要用自己的方法创造它。”

周云蓬唱过一首歌《鱼相望于江湖》：“也是没有人的空山，也是没有鹰的青天，也是没有梦的睡眠，也是没有故事的流年。”

在这个缺乏文化和创造力的平淡村子里生活了三十九年，熊庆华仍然是个能创造未来的热血青年。

# 2、

## 1996 + 探索：艺术最宝贵的是独特

艺术最宝贵的是独特。全面发展是不可能的，毕竟精力有限。对我的绘画，我听到很多声音——还是不能妥协。我要做我自己。像梵高一样，不在乎英年早逝还是长命百岁，只在乎能否将“我”所感受到的展现出来！

**——熊庆华**

# 好艺术必有灵魂

熊庆华说，“在别人眼里，我就是个没长大的孩子，永远长不大”。

这是个不通人情世故，只要画画的“孩子”。

1996年辍学后，他独自画画很多年，在书中结交各种流派的艺术大师，各有独立态度，都是长夜漫漫的精神知己。

“如果能上正规美术学院，也许我能更快掌握造型、用色的基本技巧，也能与同行沟通，解除心中疑惑。但老天没给我这个机会，我只能独自摸索。世界优秀艺术家都是我的老师，我与他们通过作品本身来沟通，不受任何理论的约束，天马行空，自由不羁。而且，艺术最终是一种创造能力的体现，这是任何老师教不来的。”

让我们用熊庆华的镜头，定格几位深深影响过他的画家和作品。

《家庭》 席勒

**埃贡·席勒**

铁路工人的儿子。二十八岁那年，席勒的妻子身怀六甲，他怀着将为人父的喜悦，画下《家庭》。不幸的是，孩子还未降生，他和妻子相继感染上“西班牙流感”病毒，三天之内双双离世。他在遗言里说：“死亡是悲伤和痛苦的，但没有比生活更艰难的了。我的一生受到很多人的攻击。不久，当我死去之后，他们将崇敬我的艺术。”

“席勒的素描寥寥几笔就可传神，凌厉的线条，草图般的画面。最初的印象是他的《家庭》，一直以为是克里姆特的作品。他们都属于维也纳分离派，席勒是非常自信的年轻人。”

《烧犹大》 里维拉

**迭戈·里维拉**

墨西哥壁画大师，个子高大，被称为“大象”，是熊庆华最喜欢的画家之一。不论是主题宏大的群像，还是个人肖像，他都能轻松驾驭，将立体主义和原始壁画风格、前哥伦比亚雕塑结合，自成一派。

“他通过画作描绘墨西哥的传统和历史，刻画独特的风俗习惯，包括玉米面的制作过程，这些都深深打动我。他的画有故事性，又有概念性，人物的组合方式以及造型，比较耐看。比如这幅《烧犹大》。”

《厄杜瓦夫人像》 雷诺阿

**雷诺阿**

擅画“花朵与女孩”的印象派名家。雷诺阿出生于穷裁缝的家庭，13岁能以瓷器画的手艺谋生，35岁时以《红磨坊街的露天舞会》展现斑驳光影，完胜传统学院派。

“他总说，为什么艺术不能是美的呢？世界上丑恶的事够多了。雷诺阿的人物造型圆润，体感优美，让你有一种愉悦感。”

《入夏》 东山魁夷

## 东山魁夷

日本风景画画家，作品风格结合中国传统山水发展而来。2003年，熊庆华在一本杂志上看到他一幅很小的插画，从此不能忘怀。

"我被东山魁夷简洁的构图深深打动，并在学习中很快掌握了绘画架构的技巧。他通过垂直、水平、有节奏韵律的排列方式，表现出超现实画面，具有强烈的形式感和装饰感，和我某个时期的想法非常相似。只不过当时我没有能力和毅力可以实现。学习立体主义的六年，我无所成就，而我在东山魁夷的作品中看见玄机，激发了我的兴趣和重新画画的激情。"

《金色原野》 伍德

**格兰特·伍德**

美国画家，描绘了他的故乡爱荷华州的平民和农村景象。

“《金色原野》这幅画耐看，质朴，韵律感强，非常独特，跟我追求的某种绘画理念相同。画给我的这种感觉，用文字描绘就太苍白了。”

《囚徒》　萨普库耶夫

## 萨普库耶夫

“萨普库耶夫影响了我的创作方向，原来刻画熟悉的生活更有味道和感觉。他的作品有一种安静的诗意，而我更强调爆发力，也许梵高的《星空》在内心盘旋，那种激情时时刻刻影响着我。我希望这种爆发力能表达乡村的诗意。”

《建筑工人》 莱热

## 莱热

法国画家，画风从野兽派、立体主义，后来转向色彩明亮的机械形式。

“《建筑工人》是粗线条和细线条的完美组合运用，简洁明快，色彩鲜艳。漫画式的先导。我1992年就临摹过，至今难忘。”

# 与毕加索和夏加尔同行的日子

熊庆华初中学习成绩下滑，可是跟艺术有关的东西，比如艺术经典之作、历史流派，他几乎过目不忘。兴趣始终是他大脑潜能的挖掘机。

他常谈到以下两位：毕加索和夏加尔。他们对待当时保守的艺术权威，以笔为剑，在美学世界创造新的秩序，恰如《侠客行》：银鞍照白马，飒沓如流星。十步杀一人，千里不留形。

## 与毕加索同行：用革新见证历史

一个窝在乡村的男孩，从名满天下的男人那里学什么？

这两人都是家里的独子，都遗传了父亲的艺术才华，且青胜于兰。目睹儿子的早期成就，一位父亲把颜料和画笔都给了毕加索，从此再没画过画；另一位把抽烟喝酒的钱都攒下来，让孩子继续做梦。

两个少年的十六岁，都是特立独行。

1896年，十六岁的毕加索进入圣费南多学院，对老师说的要“多花些心思在装人物的框框”的矫饰风格嗤之以鼻。他写信给朋友说：“在西班牙，有目共睹。我们并不笨，只是受的教育很烂而已。”他不听别人对绘画信口雌黄，反对遵循旧的学派。

十六岁的熊庆华辍学后，根本没有人对他的绘画指手画脚，做过木工的父亲也只是看看罢了。他在书里找老师。在书店第一次看到毕加索的立体主义时，这位学生完全呆住了，小宇宙都被颠覆。原来，“人”还可以拆解成几何体来画？之后，他疯狂地收集立体主义的信息知识，各种临摹创造，可惜没有模特，画完杯子画椅子，整整玩了六年。之后，他花了更多的时间，来走出毕加索立体主义的影子。

两个少年对女性的态度都有悲悯怜爱，并以艺术家的革新，来反抗社会付诸女性的残暴。

1900年，十九岁的毕加索去巴黎参观世界博览会，经济拮据，但野心充裕。和他同行的是个富二代，卡萨玛吉斯，身边总围绕着年轻模特。不过才华出众的毕加索，总能赢得姑娘的芳心。那段时期，他住在巴黎小城蒙马特尔，游逛，感受，画画。“亚维农大街”红灯区，总是游荡着皮条客和偶尔来放纵的上层阶级，深夜暴力常为街道泼上猩红颜料……毕加索描摹站街的妓女，还曾特意去监狱医院拜访性病科的负责

毕加索《亚维农少女》

人，得知大部分性工作者离开时并未痊愈，年龄不过十八九岁，与他同龄。当时的毕加索掩饰了“展现荒诞生活的悲剧面”的创作意图，只是哀叹：艺术是“悲情”和“痛苦”的孩子。

七年之后，毕加索通过记忆多次易稿，去除了批判和劝教的意义，以五个裸女形象，创造了《亚维农少女》——这是世界上第一幅被认为有立体主义倾向的作品。

他犀利地说：“我画中的每一张脸，都跟这个世界一样老。”

酒鬼2 160cm×120cm 2015年

熊庆华的女性题材并不多，也许这跟他生性腼腆有关。早期，他临摹过欧洲古典派的圣女和天使，弹琵琶的仕女，还试图表现金发女人和骷髅的吻，但都流于表象。直到他关注村子里与酒鬼为伴的女人，刻画她们的孤独，创作《酒鬼》系列。

村人爱喝酒，酒鬼不少，喝醉了跌进河，并不稀奇。在作品《酒鬼2》中，男人们丑态百出，画面停留在“桌椅将倾”的瞬间，酒从酒杯流泻，人从椅子上滑倒，盘子正要碎掉……一切歪斜不正，是流沙一样

河 130cm×150cm 2014年

的无根状态。在这种视觉体验下，唯一端正清静的，是一个朴素的相框。画家把“女人”放进了这个相框。

你可以想象很多故事版本，而柔弱的“女人”，成为了荒诞里的精神支撑。

熊庆华的村庄有条河，永长河。他作品里的“河流”，都是女性形

露天电影 160cm×120cm 2014年

象：孕育万物，已经不美，蓝色波浪都被一网打尽，只剩下干涸的黄土地。他说，人们不停地从河里索取，冲着河流吐口水，扔垃圾。“河”没有被公正对待，却沉默地宽容——就像他看到的某些农村女性。

时隔二十多年后，我们曾一道去国家博物馆参观。他走起路来健步如飞，到了非洲木雕展览区，才慢下脚步，目不转睛，从各个角度观察

拉锯 80cm×100cm 2015年

拍摄，用掉一两个小时。出馆时他有些遗憾，说毕加索好多创作都受非洲木雕影响。他却到三十八岁才看到这些雕刻。

毕加索曾经在传记里谈到非洲面具的影响：“面具仿佛是人们与周遭充满敌意的未知力量的调停者。为了克服恐惧，他们赋予它一个外貌与形象。在那一刻，我领悟到绘画也是如此，能够让我们在这充满敌意的诡谲世界之间斡旋。”

越　80cm×100cm　2015年

毕竟当年获取毕加索信息的途径不多，首次在博物馆看到毕加索的真迹时，他才发现和想象中大相径庭："所以我画的立体主义作品，也有很多自己的东西。"

比如他的作品《露天电影》。

露天电影流行于上世纪的八九十年代，对于贫瘠乡村是场聚集的狂欢。凉爽的夜晚，人们早早赶到打麦场，看到白布银幕呼啦啦扯起来，听着发电机的隆隆声，期待电影赶紧放映。

这幅画整体虚构，局部写实。飞跃的持枪者是立体的，仰面的人脸是平面的，扭曲变形，各种各样的“瞠目结舌”。

毕加索的人脸，五官并不变形，线条有写实主义的精准，只是全部错位重组。你可以在同一个平面看到人物的正面，侧面，甚至反面，神态如生。有位太太曾抱怨画得不像自己，毕加索说：“慢慢来，太太，你很快就会长得像这幅肖像。”

而熊庆华在描绘乡村的集体表情，他们看电影时的惊慌和兴奋，反射出了乡村文化的空白。

这确实不是毕加索的立体主义，是熊庆华的。

毕加索对世界始终有一种局外人的警醒，他说过，“一幅画是毁灭的总结。危机只来自于创作力的丧失和转移”。

这方面，熊庆华是毕加索的忠粉。他曾在白纸上画出几条线，天马行空，让线条自行变成《拉锯》对峙的人，或者腾空者的《越》。他描绘被侮辱被损害的打工者，粗暴拆迁里无力反抗的人们……破坏、革新、冒险、创造，这才是艺术家的本分。

当天的博物馆，有孩子来参观罗丹的雕塑展，趴在《思考者》前面，一人拿一个素描本画，还有好看的女老师在讲解。想到艺术圈一个真实的段子，萨尔瓦多·达利曾给美国一所艺术高中演讲，走进礼堂时，他竟然还牵着一头活的金钱豹。

如果熊庆华的童年就能看到这头“金钱豹”，又会如何。

## 与夏加尔同行：那不是我的乡愁

俄国的超现实主义代表画家夏加尔，表现乡村题材别出心裁，让熊庆华沉迷。

夏加尔 《我与村庄》

“我和夏加尔学习的轨迹相同，他也受过立体主义影响，再渐渐去立体主义。当时我画立体主义画到很苦恼，进入纯粹的几何结构，越来越乏味，越来越难。看到夏加尔的《我与村庄》，构图独特，色彩对比强烈，对于当时看惯中国水墨画的我，是一个全新世界。”

夏加尔出生在俄国的犹太贫民区，父亲在仓库当搬运工。母亲希望他将来是名“商务代理人”，他却想成为小提琴家、诗人，或者一位伟大的画家。他从宗教艺术里获得熏陶，对各种流行画派都有自己的见地。

从俄罗斯刚到巴黎时，立体主义正在兴盛之时。技巧娴熟的夏加尔若立意模仿，画作要换得三餐轻而易举。但他宁肯蜗居斗室：

“朋友让我相信，我完全可以同立体主义者搞好关系。对于这些人，我一点不反感。就让他们在他们三角形的桌上，高高兴兴地去吃他们正方形的梨吧……打倒自然主义、印象派和立体现实主义！疯狂万岁！”

夏加尔不想随波逐流，只用艺术探索灵魂，“艺术是融化的铅，是倾泻在画布上的心灵之光，是自由的灵魂。哪儿不弄虚作假，哪儿的灵魂就能达到真正的高度。”为此，他一度卖不出画，忍饥挨饿，连晚上做的梦都是面包加腊肠，调侃自己还不如出租屋里的煤油灯，“好歹它能喝得饱”！

跑彩船　130cm×150cm　2014年

在山穷水尽之际，夏加尔开创的风格竟然得到西方认可，并被奉为表现主义代表。

熊庆华的戏剧才刚开幕，但质疑和困难，一点不少。

夏加尔还可以去巴黎的博物馆看伦勃朗，鄙视一起学画而无思想的勤奋学生，和画家巴克斯特老师辩驳……那时熊庆华可去的，只有县城的书店，唯一能谈谈艺术的，只有自己。

舞龙灯　100cm×80cm　2015年

和夏加尔一样，熊庆华以自己的独特方式，画着故土。

熊庆华犹记得，儿时跟着父母去村里看大戏。全村人凑份子钱请来了三十余人的戏班子，演出传统剧目《站花墙》，唱念做打，像模像样。前些年戏班子解散了，各自做“小舞台”，两三个人一组，配上现代的全套音响。每逢村里红白喜事、寿辰周岁，他们就被请来搭台子，能唱戏剧，还能唱流行歌曲，客人随意点单，一单二百元，每次最多唱

小小星球　100cm×80cm　2010年

十首，也就散了。

他也记得，以前在镇上追着舞龙灯，仰头看到脖子酸。有好事者曾把一条好烟挂在了自家住房的四楼，挑战“龙”人们去取。锣鼓喧天中，灵活健壮的“龙”人开始盘龙，一个攀上另一个的肩膀，最后一人高举竹竿，取走奖品，好一片喝彩！现在每年正月初二到正月十五，仍有舞龙灯，但缺了种斗志和霸气，都是跳广场舞的大妈们临时组成的龙

踩高跷 120cm×150cm 2014年

灯队。还有插红戴绿“跑彩船”的，讨要几包香烟了事。

熊庆华对正在削弱的传统习俗，有些怅惘，但也说“新的总会替代旧的，经典才会留下来”。

他画的故乡，总是充满生趣活力和想象力。

比如那些童年游戏。放风筝、偷西瓜、老鹰抓小鸡、藏猫猫、折飞机、摘桑葚、青蛙跳，还有心惊胆跳的偷菜……有幅《小小星球》，男

耙田 150cm×120cm 2014年

娃们似乎一脚踩到了宇宙里，漫步苍穹。

“小时候踩高跷玩儿，我就想着能把高跷延长，一步登天！我画画就是放纵，想哪画哪。”

他也画成年人的劳作。

村里活计不多，耕地收割都是机械化运作，人虽少了，田不抛荒。熊庆华家里种过稻子和棉花，后来挖了池塘种莲藕，等土壤肥力丧失，

斗地主　130cm×150cm　2014年

莲藕越长越小，前两年又开始养鱼。十多亩鱼塘，也就夏天事情琐屑，要割鱼草，要提防鱼儿在雨后缺氧而泛塘……熊庆华画过捕鱼拖鱼，插秧收割，打谷子送粮食……于平常处见奇崛。

村人闲了干什么呢？下棋，喝酒，尤其是打牌。

武汉江汉区近年麻将盛行，某年还曾因赌博引发枪击案，上了全国新闻。不过永长河村相对安静，牌局输赢不大，熊庆华没听说哪家因为打牌闹事的。有村民在家里摆了电子麻将桌，收记子钱，一桌一天是

老鹰捉小鸡　80cm×100cm　2012年

二十元到五十元，但总干不长，因为别家也要跟风赚这个钱。熊庆华和他父亲都不打牌，过年时走亲戚，他做旁观者，画过几幅不同形式的《斗地主》。

“有人批评打麻将的人精神空虚。我倒觉得乡村人打牌时全神贯注，调动智慧。如果总是聊些家长里短，还容易出事。”

这些真实片段，成为熊庆华重新架构的元素，相比夏加尔的“漂浮”形式，他钟情于“旋转”。“第一眼有新鲜感没用，一定要耐看。

线条组合如同齿轮，强化旋转的快感，要显示出一种剧烈的对抗力量。”

最初的旋转，表现在《老鹰捉小鸡》系列中。孩子们构成不同形式的旋转，让观者穿越到童年。2014年的作品《脱粒机》，抽象的“谷粒”呈现出多色光感，与戴着草帽口罩的农民们，组成具有韵律感的循环。之后的“旋转”日益简洁，竟至隐在结构之中。

小说《飘》的主人公斯嘉丽，遇到再大的难事，只要回到故乡扑在土地上哭一场，就会重新无所畏惧。熊庆华也说：

“每次走在城里，都觉得自己像一粒微尘，更加怀恋故乡。我不怕累，不怕穷，就担心丧失绘画的创造性，而家乡让我获得无穷的灵感。别人说到乡村种种都是他们的，不是我的乡愁。”

到如今，无论是安格尔的新古典主义，德拉克罗瓦的浪漫主义，莫奈的印象派，都不再让熊庆华徘徊。他掀开了这一切表象的浅层，而进入了自己的混沌，在那里，他拔刀开路，展示乡村的浮世绘。

同时，他像他所崇拜的大师们一样骄傲，对依靠复制、迎合而获得名利的艺术家，耻与为伍。

脱粒机　120cm×160cm　2013年

# 3、

## 2007 + 寻根：用绘画重建我的乡村

画画不怕争议，因为争议往往意味着创新。一幅画最怕的是空洞，你看了没有感觉，才是艺术家的失败。

**——熊庆华**

# 我还是不能妥协

这本书里的油画，大多是我这八九年所创作。故乡没有名山大川，没有名人名胜，就是平淡无奇的平原。但天高地阔，自由自在，可以天“牛”行空！时代变化太快，希望我的画，能让世界放慢脚步回头看看。

咬人的狗 80cm × 100cm 2012年

城管来了
100cm×73cm 2013年

有人说我的画，透着紧张和压抑，因此不喜欢。也许我在画画时，把这种情绪放进去了，并不自知。有人觉得我的画有种一触即发的力量，缺少温柔的情感……其实，温柔的画家不少，够你们选择，不差我一个。我还是不能妥协。

杀鸡　100cm×80cm　2015年

还有人觉得构图不够合理。如果讲究那么多的合理性，我就画不出来了。绘画的意义在于画家可以根据内心需要进行提炼，筛选，组合，打破时间和空间的限制。否则，数码产品日新月异的今天，要你画画的干什么？

秤　100cm×80cm　2015年

画画不怕争议，争议往往意味着创新。莫奈的《日出》奠定了印象派的基础，当初也是骂声一片；毕加索的立体主义，干脆给西方美术界丢下一枚重磅炸弹……一幅画最怕的是空洞，你看了没有感觉，才是艺术家的失败。我从没有接受过院校的美术训练，偶尔也会感到怀疑困惑，但现在感觉不错，舍我其谁！面对质疑，只会促使我更加努力做出成绩。

耙田 80cm×100cm 2010年

我希望消除肖像的特征，通过整体构图、色彩渲染力，来表现人物的精神特质。这才是一个人真正的“脸”。如果一开始就考虑受众，现在我的画可能就是最庸俗的风景画片。性格决定我必须反其道而行之。我现在比以前更加自信。

泥潭　80cm×100cm　2015年

我对绘画很认真，只想画好每一幅作品，画坏了就毁掉。从构图、笔法到用色，我会考虑多次、修改多次。有时兴奋了也会随性一两笔，最后还是否定再肯定；处理油画的深色是大学问，也在不断学习。一件足够认真的作品，才会耐看，每天都能看出新东西。

躲猫猫
100cm×80cm 2015年

我至今没有重要的个展以及获奖经历。也许有些人认为这是获取大众承认的捷径，不过十九世纪的大作都不是沙龙的获奖作品。每一年，我都留段时间不画画，想问题。如果一直不停地画，概念性的东西会多，先入为主地进入画面，这样的重复性劳动，就不是创作了。

高地争夺战
80cm×100cm 2015年

最近两年，胃病好了，身体状态正常，画画的愉悦感更甚。不是每个时候都有感觉，一定要抓住激情。完成不了的构思，重新解构。我以我的节奏画，想画什么就画什么，而不刻意追求变，有耐心等。要变的时候自然有变的东西，关键是画得有兴趣，如果连自己都打动不了，一切就是枉然。

筝鱼
100cm×80cm　2015年

我在博客转载过一篇文章——《成为大画家的二十一个条件》。二十一个条件包括：

朝思暮想当大画家、大艺术家，包括夜梦和白日梦。

画画不是谋生或出名手段而是志趣。

对绘画艺术有着敏锐的判断能力，明显超过身边的同学和老师。

兴趣要多，诱惑要少；生活从简，思维从深；

画家成堆的地方，很难造就鹤立鸡群的艺术家，如同荆棘丛生的地

躲猫猫
100cm×73cm　2012年

方长不出好庄稼。

……我觉得，自己的条件百分之八十符合。

我是无拘无束的玩家。什么新奇的东西，都容易吸引我，但是一直最喜欢的还是画画。如果感觉玩的成分在减少，不那么自由，就是一种危险。

# 一画一言

国画（1989～1994）

立体主义绘画阶段（1995～2002）

中国工笔画（2003～2006）

丙稀画阶段（2007～2008）

目前创作阶段（2009～）

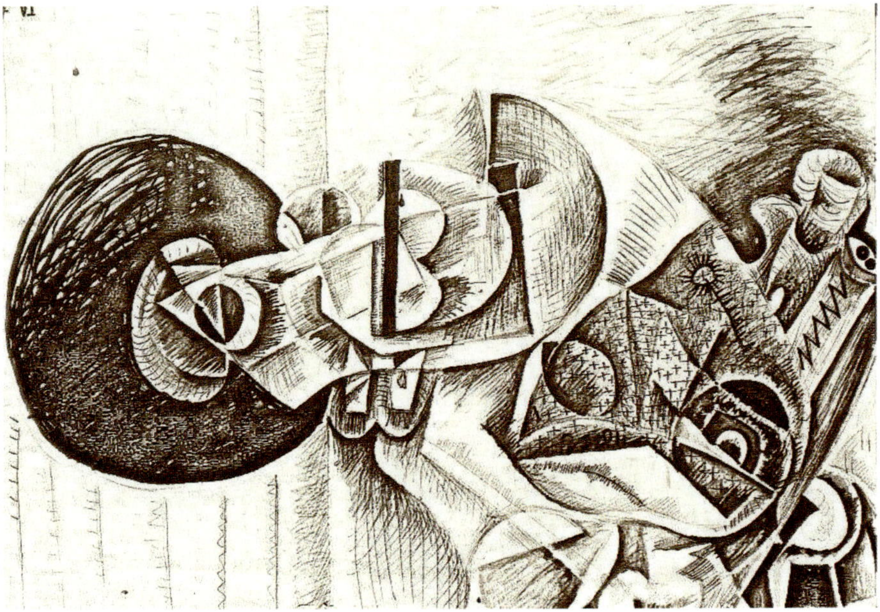

**立体主义：《杯子》（2006年）**

一开始我对西画不感兴趣。有一天看到了毕加索早期作品《女学生》，深深地被它吸引。他创造了一个新宇宙，颠覆我之前见过的作品——纯几何的造型平面、柔和多彩的画面。深深为它着迷，于是全心投入其中，与以前所学的国画彻底了断。整整六年时间都在玩立体主义……也许抽象的东西玩多了使人厌倦，渐渐无所适从，又向写实转型。我不知如何评价这段时期——或许这是自我完善的基石，提高了分析和综合造型的能力。

**漫画：《蛇王》（2007年）**

断断续续画了两年，有时画得昏天黑地，完全沉浸在故事之中。故事是别人的，我就如导演一样安排场景。那时给杂志社投过稿，石沉大海。画漫画是我最迷惘的时期。现在还剩二十多张。

**超级现实主义：《我的法拉利》系列（2007年）**

手扶拖拉机，本地土语“手扶子”，是中国农村象征之一。外表难看，但实用性发挥到极致，横行在泥泞小道。除了赶集时运送作物，它还是人们走亲访友的出行工具。在农村生活过的人，都坐过手扶子吧，会记得五脏被颠得四处翻滚的经历……现在各种机车五花八门，但是仍无法取代拖拉机。

**《不羁的牛》系列（2007年）**

每年稻谷收获的季节，我都要跟着父亲赶着牛运送粮食。牛有温顺的，也有不驯的，我个人更喜欢后一种，就是要甩掉重负，追寻自由的那种感觉。我画的牛，挣脱束缚后腾云驾雾，赶牛的人只能干着急。

**《鸭司令》（2012年）**

乡间从不缺乏欢笑，哪怕赶鸭子。

《驮》（2013年）

自行车是上个世纪八九十年代人们最常见的代步工具，爷爷在干农活的时候，还驮着大孙子小孙女。

《赤练蛇》（2013年）

微暗的夜幕下，阳光放射最后的璀璨，淘气的小伙伴还在继续他们的淘宝活动：一个五色石子，一个香脆的苦瓜，一只美丽的蝴蝶，翅膀慢慢泛起露水的蜻蜓……突然，一条黑红相间的赤练蛇被惊动跃起，小伙伴们马上终止所有行动，在惊呼声中四散逃跑。

**《国家大事》**（2013年）

一群坐在拖拉机上的农民，颠簸在泥泞的土路上。当他们谈论到国家大事时，争论不休，甚至形成了两派。允许争论，也是民主的缩影吧。网上有句话：喝地沟油的命，干嘛操中南海的心——这句话让我不屑。国家大事不该是某些高端人士的专利，也该有我等匹夫的一席之地。

**《推车》**（2014年）

收割完稻子运送回家，父子三人合力推动板车。我将这些片段彻底打散，重新组合，与“立体主义的分解和综合手法”异曲同工，主体呈三角形，用大色块堆砌，传递一种永恒的意义。

**《竹筏》（2014年）**

夸张地描绘乡村孩子划着竹筏叉鱼捕鱼的场景，营造一个奇特世界。

**《水牛上的牧童》**（2014年）

金黄的太阳染醉了土地，分割出蓝宝石般的带子，悬挂在天地间。满是泥土的四头牛，潜伏在碧水中。牧童悠闲地吹起笛子，结束了一天对牛们的悉心管理，可以回家吃碗热饭，美美休息了。

**《狂奔》**（2015年）

现实中的人们总是在他们的小圈子里互相倾轧，缠斗。谁也不让谁好，还不如挣脱一切枷锁，独辟蹊径，闯出另一片天地吧。

《屠夫》（2015年）

表现夸张，但现实场景在这片土地上发生时，照样惊心动魄。也许经验不足？也许猪的力量过于强大？场面失控了——这惊险一幕，哪里都会存在。

小时候不敢看杀猪，大人也不让孩子看，这个画面有真实和想象。

**《屠夫2》**（2015年）

杀猪庆祝儿子婚礼，招待媒人和姑舅，一直是当地风俗，属于红白喜事。家中有子到适婚年纪，父母就会开始张罗，喂一头猪是必要程序。有年轻人不在乎父母急迫的心情，让父母的期待年年落空，每年亏本喂猪，但习俗不可废。

《偷鸡摸狗》（2015年）

黑暗的夜晚，是小偷们猖獗的时候。这个画面，对小偷并不贬斥，故意剥离他的现实处境，进行纯粹的艺术化处理。你可以看作是种反讽，或者是一个黑色幽默。

**《牛脾气2》（2015年）**

构图根源于三条有力度的线条，如即将发射的弓，已经满弦，等待发射的瞬间。这是个“决定性的瞬间”，想象一下，下一步会发生什么？

**《土地的盛典》**（2015年）

春天到了，万物复苏，蛰伏了一个冬天的土地，涵养了充分的水分，农民们敲锣打鼓，燃放鞭炮，开垦春天里第一块土地，为他们的土地之神献上香烛纸钱，祈求保佑他们秋季丰收，子孙香火旺盛，天下太平。

**《诺亚方舟》**（2015年）

漆黑的夜里，大洪水突然汹涌。孤单惊恐的几个孩子找到一个柜子。这或许是他们唯一能够得以生存的诺亚方舟。但激流形成了深深的漩涡，有孩子掉了下去，女孩死命惊呼，大一点的孩子，想要抓住他不能放弃……但命运无法左右。

《家庭》（2015年）

钢铁洪流如怪兽般吞噬一切传统存在，对抗的人失去了家和生命，而妥协者得到钱财。一切那么顺理成章。无法叫停变化太大的世界，人生无奈，有太多东西要保护，太多的不舍，但个人意志微不足道，社会要你加快步伐去适应，不会停下来等你。

不要为了一个房子，一件器物丢掉生命，不如紧紧抱住你当前拥有的，抱住爱人子女，在一起就是最幸福的，只要活着，我们就是家。

# 4、

## 2015 + 未来：他们说

# 一个人的创业

## 熊光元（熊庆华的父亲，农民）

庆华一直是个比较内向的孩子。

刚读书时，他得了很多奖状，七八个大队，能考到前十名，我和他妈妈都对他抱着希望。但升入初中，画画对他的影响很大，成绩下降，初三他就想辍学。我们都着急，说艺术也需要基础和文化。他就说，谁家的美专毕业了，也只是教书。他不受理论约束，是个自由派。

庆华以前有个同学，大专美术系毕业，说要卖掉所有教材。他就找我磨了二百元钱，背回一蛇皮袋的书，天天研究。那是1994年。这些年，家里给他在绘画上的投入，不比哪家培养一个大学生花费少。

平常庆华很少跟我们沟通，就是画画。他在楼上一画就是一天，饥一顿饱一顿的。

村里的流言蜚语也很多，说他就在家里搞，能搞出什么名堂？说他的性格孤僻，都是我们惯的；说他都成家了，能不能养家糊口……我们都接受。孙子读到六年级，都是我们交学费。我们年纪也大了，十多年前粮食和家鱼的价格还好，后来收入一年不如一年，家里开销又大。他都知道，做过玻璃漆工，送奶工，还出去打过两次工。

我们知道他不容易。从十四岁画了二十年，三十四岁之前都没卖过一张画，承受这些压力，他还是在画。有一年过年，他胃出血，住了半个月院。医生让他少熬夜，多休息。他也不听。

他得大病，比我年纪要早。我们平常小病小痛，都不上医院。

我十三岁父亲就去世了，小学毕业遇上文化大革命，十六岁就和大人一起去农场，修堤筑坝，人工开河，泥里有石头，像铁一样坚硬，一锄头下去，立刻就被弹回来。挖了几天，村里就有人跑回家，我吃了不少苦，但还是坚持着。

他那个牛脾气，像我，认准一条道，就要走到黑。

我们很感谢不认识的人对庆华的帮助，最大的遗憾就是他没有进美术学院正式学过，现在他奔四了，我也劝他去拜师。他就说，美院的很多教授都没有什么了不起。

庆华一直走的是自己的路，期望他能够有所成就，不辜负朋友的支持。

我们都是种田的老实人，谈不上给庆华什么支持，就是给了他一个空间，一个时间，让他创自己的业。一个人的创业，没有很大的决心和信念，庆华走不出来。

# 见证天才的诞生

董景浩（克丽司汀酒店管理集团董事长）

熊庆华的油画《老鹰抓小鸡》就静静挂在我的办公室，和旁边的国画《钟馗》色彩画风截然不同，又有着奇妙的和谐。唯一的解释，恐怕还是艺术本身的魅力吧。熊庆华的油画用色大胆，人物构图比例夸张，选题广泛。有一幅《城管来了》，淋漓尽致描绘了小商小贩被追得鸡飞狗跳的情景——这类题材，没有几个高大上的画家愿意涉及。

熊庆华的画充满了乡趣、幽默、童真和想象力，这和他本人的不善言辞对比极其强烈。这是一位伟大的天才，有幸我们共同见证。

## 轮胎和雨伞

樊登（中央电视台主持人，樊登读书会发起人）

这幅画挂在楼梯拐角处，已经五年了。每次走过都会又发现一些小细节，轮胎和雨伞是最耐看的地方。

# 值得关注的艺术家

郭宇宽（清华大学博士后，传媒人）

熊庆华没有上过一天美术学院，却有最虔诚热烈的艺术精神。他生活在中国的乡村，却在美学观念上和毕加索、莱热、夏加尔对话。他对于当下这个时代消逝的衰败的乡村生活有强烈的乡愁，对扩张的畸形的城镇化有很大的抵触，而这些锐利的感受都在他笔下完成了艺术语言的转化。他的创作思路一直在向前发展，没有去迎合市场的潮流，也没有停下来的迹象。我个人认为，如果你想找到一个用心创作的艺术家，你应该关注熊庆华。

## 诙谐感来自天性

黄志琼（艺术家，湖北美术学院毕业）

在绘画技法上，我觉得熊庆华还有发展的空间，会越画越成熟。他有一种难得的特质，就是他的诙谐感、戏谑感，这种感觉的东西是天性，是不好模仿的，学校里教不会的。我们很多表现乡土题材的创作，要么是苦涩创伤的，要么就是欢快的。而熊庆华的创作，有一种苦中作乐的东西，有一种欢快中又有一丝忧伤的微妙的感觉，这是最难得的。

# 瞬间进入多维空间

韩春丽（《中国青年》杂志首席记者）

第一眼看到他的画，尤其是《踩高跷》，就有一种宇宙感。仿佛穿越时空，穿越到宇宙星河。他的画，展示的是多维空间，四维？八维？十一维？——这是一种奇妙的感觉，浩瀚神秘。

# 酷暑蝉鸣般不约而同的共鸣

九泱（网友，芝加哥大学艺术史专业学生）

我初次在网上看到熊庆华的画，就对他留下很深的印象。乍一看，他的画略显粗糙和原生，不过正好符合他的题材，描绘出一种近乎超现实主义的乡愁。色彩混浊而又鲜明，人物既具讽刺滑稽之气却又熟悉可亲。熊老师的画风，让我强烈联想到埃贡·席勒（Egon Schiele)的风格和表现力，但他画中的人物不像后者的肖像那般纠结痛苦，而是更加开放畅快，并将表现力延伸到了自然界。熊老师的画也具有夏加尔(Chagall)抒发性的诗意，不过更刚烈强硬一些。熊老师创造了不协调中的和谐，画中各个局部之间，存有一种属于酷暑蝉鸣般不约而同的共鸣。这里弥漫着一种更加醇美的生活气息，且表达了一种更积极体验人生的态度。

# 这平凡而又荒诞的生活

刘桐（艺术家，四川美术学院毕业）

黄天黄土，混沌的底色里上演着悲喜剧。现实迷离，梦境清晰，是人拽着猪牛跑，还是猪牛拽着人舞？临死的猪，干净雪白的背上插满了鲜花，待宰的黑牛拼命发出最后一声低吼，新郎新娘涂着玩偶一样的浓妆，丰盛的鱼群飞跃入虚空。这平凡而又荒诞的生活里，不乏温情，麻木与计较中亦蕴含朴素之美，离土地最近的人，离土地很远。画者化身为他笔下之众生。画者亦默默藏匿观照他自己，以及他的众多化身。

# 真实的时代性

汪静波（上海诺亚财富管理中心总裁兼CEO）

熊庆华最宝贵的地方，在于作品在表达这个巨变的时代，他捕捉刻画了很多生活的细节，是这个时代转瞬即逝的。我想他的作品，现在看起来和几十年后重新看，都会唤起我们对这个时代的感知和记忆，具有一种可贵的，很真实的时代性。

# 对这个世界的高级讽刺和温情关怀

孙子垚（青年艺术家，中央美术学院硕士研究生毕业）

第一眼看到熊庆华老师的作品，我的确感到惊讶。这些作品刻意却不做作，复杂却很纯真，有大地的味道，有希望的力量和对原始的尊重，你总能从他的作品中看到一个大龄儿童对这个世界的高级讽刺和温情关怀。

## 寻找“非形式的形式”

夏可君（哲学家，知名艺术评论家）

艺术家好不好，见仁见智，但有特点是最难得的。我看熊庆华的很多画，构图都有一个特点，比如画一个鸟巢，画一群人奔跑，画脱粒机，都是旋转的，让人初一看有头晕目眩的感觉，寻找“非形式的形式”，是对艺术家至高的挑战。

# 苍莽土地的野草，和野火！

徐忠民（浙江大学新闻系摄影专业教授）

我将熊小弟的画挂在书房的墙上。那上面弥漫着血一般的乡愁。他的画沉郁而又激越，那浓烈、低沉的色彩，是对日渐沦陷的故乡的低吟与哀号；而狂怒、暴烈的笔触，分明是每个人心中的呼啸和呐喊！他的低视角构图，总有弃而离去的决绝。但是啊，黎明的天空苍白如灰，黄昏残阳复如血，这广袤、深远的土地，如同无边无际的黑夜；行者的脚步沉闷而疲惫，在天际回响，像是永动的鼓声——那是大地的呼吸，生生不息。在我眼里，熊小弟的画，就是苍莽土地的野草，和野火！

# 上帝派你来画画

伊灵（艺术家）

我记得吴冠中老先生说过，真正伟大的艺术家可能在民间产生，熊庆华的创作使我更加坚信这一点，我见到他，感觉这是一个真正要把一生献给艺术的人，像我讲的“艺术是不朽的生活”。

如果说没有师从名师、受过专业的美术培训，没有在美术单位工作过，就不能成为一个画家，对此我很不赞同。出身名门，也许并不能画出内心，而只停留在技巧上。

我特别能理解熊庆华画画的状态。很庆幸有机构发现了这个山沟沟里的艺术家，他能在那么艰苦的环境下坚持画画，也许上天交给他的使命就是来画画的。熊庆华是拥抱过大自然，体验过社会底层的原生态画家，他的绘画是对人的内在情感自然存在的反映。

# 被边缘化的群体的文化表达

周庆治（南都集团董事长）

过去中国的乡村是有文化的，很多有文化的人要回到乡村，反哺乡村。而现在中国的乡村是凋敝的，大量进城打工的人，他们的孩子，留守儿童或者随父母进城的打工子弟，没有自己的文化表达。很多学院派也画这种题材，但在语言上往往总是旁观者无病呻吟的感觉。熊庆华的意义，我觉得他代表这种被边缘化的群体的文化表达，而且他的创作那么有想象力，那么强烈有冲击感。

# 埋藏在每个人心里的精神世界

邹晖（广东英扬传奇广告有限公司 首席创意官）

熊庆华是当今唯利聒噪的艺术世界里的一朵奇葩。他不受诱惑，勤耕不懈，沉浸在自己的世界里，他用心观察周遭的生活，用充满童趣，天真的笔触和色彩展现在画布上，记录着这个世界的变化。我们看到质朴的农村生活，上树掏鸟蛋、下河摸鱼虾、迎送嫁娶、耕地放鸭……很平凡的生活，在他的笔下变成了乌托邦似的桃花源，让人很向往，很迷恋，那是埋藏在每个人心里的一个精神世界，童年的记忆。

感谢他没有经过专业的绘画训练，所以我们可以看到粗狂肆意的笔划，浓烈饱满的色彩，不讲究透视的构图，生动有趣的农村生活题材，希望他继续这样埋头创作的激情，不要被日益增长的名声所累，沦为一个熟手的画匠，从而埋没了一个未来的大师。

# 来自王族的灵气和霸气

马英华（作家，出版人）

“风格即人”，熊庆华的作品已经有了鲜明的个人风格。楚文化的雄奇浪漫、神秘乃至诡异，通过那些浓烈、斑斓又充满远古气韵的色彩，那些全方位的立体、动态的构图，形成了强烈的视觉冲击力。

熊庆华作品中，有渔者、耕者，掏鸟窝的村童、放风筝的男女，踩高跷的乡民，娶亲的仪仗，叼着烟卷开着“手扶子”的农人，在城管追赶下几乎要飞起来的果蔬摊贩，扬脸颠簸着漫天豆粒的农人……都令人一眼难忘。

他是在缅怀乡村的记忆、刻画乡间生活的日常细节吗？可是我看不到乡间土气，只看到一种来自王族的灵气和霸气！他是在感喟生存吗？还是隐喻生态？他自诩天空漫步者，不过我看到他的生存，像跋涉在阳光下的云梦大泽，深一脚浅一脚，温暖里不乏几分尴尬，迷醉中不乏几分蹈虚，也看到他镜头下的生态，像昆虫一样精美到极致，又脆弱如草尖晨露。我看到他一切的表达，使用的都是自己的语言，而这分明需要足够的诚实和坚持的勇气。

# 既有田园牧歌，也有现实之殇

周晓波（建筑师，BASICWORK 合伙人）

头一次在网上看到熊庆华的画，非常惊讶，有一种质朴而喧嚣的生命力在画布下面涌动，仿佛能够听到儿童嬉戏，土地干涸，牛铃叮铛，肥鱼出水的声音。他的画里有凝固的风，有漂浮的牛，有流动的时光。夸张的构图，拙朴的线条和直率的颜色激烈对话，在不停地断裂和重新弥合中，创造出一个个超现实和现实之间的场景。

这些久违了的声音和色彩，这些冲出画面的力量，瞬间能唤起我们关于乡村的现实知觉，既有田园牧歌，也有现实之殇。

过去的三十年间是中国乡村结构崩塌的过程，而未来的二十年将是乡村社会重建的过程，这当中有痛苦也有惊喜，而熊庆华眼中的这些血泪欢笑，通过他的画笔放大和凝固在画布上，继而进入到观众眼中，投射到社会心灵。

熊庆华二十年如一日在乡村画画，新工作室还是在他的家乡。因为大地是他的根基，他的源泉。

# 不羁的牛

周继罡（吉人周艺术发展有限公司创始人）

我在凯迪网论坛看到熊庆华的画，怦然心动。这些富于童趣的形象之下，充满想象力和幽默，有着艺术前沿披荆斩棘的呼啸，蕴含一颗开疆拓土的雄心。这显然不属于我们司空见惯的绘画流派。

我一页一页看完所有的跟帖，多数赞美，少数反面评价也不过是对艺术有理解偏差。于是我的直觉更加凸显——他，熊庆华，或许就是未来的大师！我加了熊庆华的QQ，侧面了解了他的许多宝贵特质，例如聪慧、坚韧，善于学习，有童心，有自信，有对作品中存在的问题的敏锐；为理想而活——在贫困和嘲笑中坚持原创坚持创新；生活困顿，却坚持用最好的亚麻画布和高档颜料；绝不复制自己的抢手作品等等。

这些特质和品格是许多伟大艺术家所共有的，是艺术家对其作品的背书，是其作品能够不断超越自我追求卓越的动力。我先买了一幅《不羁的牛》，寄到时还有一张“作品证书”，保证此为孤本，不再复制。这种对藏家一丝不苟的态度，令我肃然起敬。现在，这幅画一直挂在我的客厅，每每看这幅画，愉悦油然而生。

# 独立思考，方能开创

周晨（北京798晨画廊经理）

作为熊庆华的代理画廊，有幸承办了他第一次个展。在我看来，熊庆华作品中的场景、人物，既深深嵌入了乡土文化的基因，又不缺乏现代性的表达。熊庆华跟其他参展艺术家最大的不同，是他没有受过严谨的学术训练，反而更能捕捉灵感，酣畅淋漓地表达出来，给人扑面而来的艺术感染力。他离不开他的村庄（才离开一天就想家），却驰骋于自由的艺术世界，时而天马行空，时而专注如一。他是自由发光的、独立思考的、开创式的职业艺术家。

# 以跃升姿态，脱离大地

王飞（《读者》原创版主任）

一个农民，自学油画，一画就是三十多年，在观念保守的农村，怕是要被当成疯子来看待。很多人活在自己的世界里，其实是种自我麻醉。但熊庆华不是这样，他耕田捕鱼，外出打工，没有逃避生活赋予的责任，且绘画终有所成，这一点让人尤其敬佩。

描绘乡村生活，有两种模式较为常见：一是讲述田园生活的质朴和浪漫，字里行间流露出对于这种生活被打破的悲哀，以及对行将消逝的故乡的不舍；二是为乡村的贫瘠和农人的辛劳扼腕。对于熊庆华而言，后者更接近他生活的日常。但在他的画作里，很少看到灰暗的调子，更多呈现的是乡下人的狡黠、诙谐。我有一个发现，他的很多作品，比如《踩高跷》《城管来了》《扎猛子》《不羁的牛》《哥哥的婚礼》，主人公都有一种将要脱离大地的感觉，即便是《扎猛子》，如果将画作反转，也是一种跃升的姿态。抛开那些生活难以承受之重，换以一种轻灵自由之姿，这大概是画家的梦想。但在他们身上，有太多无法逃开的负累，在这样的现实与梦想之间，他的内心，一定有过很多折磨。

# 画家如诗人

侯显辉（文学评论家）

熊庆华的作品，挣扎，冲撞，桀骜，隐藏着强烈的不安，一改中国乡村画风至深的宁静感。他怀抱梦想，怀抱着挚爱与深切的孤独，义无反顾地把艺术指向了现代人生存的本质：慌乱。从而将艺术高度提升至普遍的人性情怀。他兀立于乡野之间，却飞翔于天宇之上。

我不懂美术，但他的画有着极强的张力和强烈的冲击感，让我想起了余秀华。她的很多诗包涵炽热的情感，之所以打动人，是因为她紧贴乡土，写下最真实的感受。这样的人，内心都有一团火焰，可是在中国并不多，很多人的“火焰”都被物质追求给扑灭了。海子走了以后，文学和艺术界少了诗意。中国多现实主义者、少理想主义者，而理想主义在中国的湮灭，客观上为主人公的生存带来痛感。这些，我都能从熊庆华的画中感受到。

# 附：开放力艺术发现

## ——支持熊庆华的N种方法

1. 成为熊庆华的评论家：像哲学家、艺术评论家夏可君教授，从事摄影研究和教学的浙江大学教授徐忠民，多次获金投赏、全广展大奖创意设计师邹晖先生，建筑设计师周晓波先生……他们给当年孤独创作的熊庆华以很大的启发鼓舞。

2. 成为熊庆华赞助机构或者赞助人：像诺亚财富，天风证券那样，把熊庆华的作品推荐给更多的朋友。像克丽司汀酒店的董事长董景浩先生，力邦制药董事长、力邦美术馆发起人杨丰收先生，他们把熊庆华的作品在公共空间陈设，传播艺术的力量。

3. 诸多一路走来收藏了熊庆华作品的朋友，你们的支持，使得熊庆华能够在乡下盖起自己的工作室，在曾经除了打牌喝酒没有其他文化生活的地方，唤起年轻一代对艺术的关注。

4. 像杨团老师发起的禾趣计划一样，邀请熊庆华参与公益事业，以美术带动更多的乡村文化建设。

5. 像笔者这样为熊庆华写一本书，或写一篇文章，或者在微博微信点评几句，把你们的体悟传播给更多的人。

这本书是一个还在发展中的故事，欢迎参与，对本书未来的改版再版提供建议，可加新浪微博@熊庆华的艺术道路@媒体人陈敏。

渔民系列　160cm×120cm　2013年

火烧云　80cm×100cm　2015年

纠缠的鱼　80cm×100cm　2012年

踩高跷3　80cm×100cm　2013年

风车 80cm×100cm 2014年

雏鸟　130cm×150cm　2013年